成为您的美好时光

隐匿于日常生活中的真相

密 码
来者何人？

password _ MARTIN PAUL EVE

〔英〕马丁·保罗·伊夫 _ 著

邵静怡 _ 译

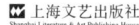
上海文艺出版社
Shanghai Literature & Art Publishing House

献给海伦（Helen）

原著所有的稿酬都将捐献给英国关节炎研究院（Arthritis Research UK.）

目 录

前言：密码与其局限性 ⋯⋯ 1

1 "来者何人？"军队，死亡与密码 ⋯⋯ 29

2 特殊的特征：密码在文学与宗教中的体现 ⋯⋯ 73

3 P455W0RD5（密码）与数字时代 ⋯⋯ 108

4 身份 ⋯⋯ 152

注释 ⋯⋯ 193

索引 ⋯⋯ 209

前言

密码与其局限性

图一 迷宫,出自《北欧家庭百科全书》(*Nordisk familjebok*),塞巴斯蒂安·阿塞古拉多著。图片不受版权限制(属于公有领域)。

在古希腊神话中,忒修斯[1](Theseus)来到克

---

[1] 忒修斯,又译作特修斯、提修斯等,传说中的雅典国王。纪德的长篇小说《忒修斯》即以其为主人公。他的事迹主要有:剪除许多著名的强盗;解开米诺斯的迷宫,并战胜弥诺陶洛斯;和希波吕忒结婚;劫持海伦,试图劫持冥王哈得斯的妻子珀耳塞福涅——因此被扣留在冥界,后来被海格力斯救出。全书脚注若无特殊标明均为译者注。——译者注。

里特岛[1]上，勇闯迷宫，战胜并杀死了弥诺陶洛斯（Minotaur）这个半人半牛的凶猛怪物——这样乍一听弥诺陶洛斯似乎有些值得同情。不过要知道在此之前，为了给弥诺斯（Minos）的儿子安德洛格斯（Androgeos）的死复仇，十四名童男童女都作为贡品祭献给这半人半牛的怪物。[2]据传，这座迷宫几乎是不可能被破解的，它的构造是如此的复杂，以至于其创造者代达洛斯[3]（Daedalus）自

---

[1] 克里特岛就是《圣经》中所记载的革哩底，位于地中海北部，是希腊的第一大岛，总面积8,300平方公里。行政上属于克里特大区，是地中海第五大岛，东西长约244公里，最宽处约56公里，中部为高山，最高峰海拔为2740米，南部山势陡峻，特别是西南部，全为峭壁，难以开辟公路，北部较平缓，居民多集中北岸。

[2] 雅典人被迫进贡童男童女的原因是他们对弥诺斯之子安德洛格斯的死负有责任。安德洛格斯因为在泛雅典娜节运动会上获胜，而被嫉妒的雅典国王埃勾斯杀死。弥诺斯欲为儿子复仇，遂向雅典开战。结果雅典人大败，被迫投降，并许诺每年向克里特进贡七对童男童女，以供弥诺陶洛斯食用（一说为每3年进贡一次；或每9年一次）。还有一种说法认为，安德洛格斯是由于受埃勾斯之命前去猎捕马拉松野牛（与前面的克里特公牛是同一头牛）而在马拉松被该野牛所杀。总之弥诺斯由于儿子之死而对雅典发怒，迫使雅典人进贡活人作为怪物的食物。

[3] 代达洛斯，是希腊神话中的著名工匠，来自雅典，是墨提翁的儿子，厄瑞克透斯的曾孙，是厄瑞克族人。他有一个儿子叫作伊卡洛斯。（转下页）

己在修建完成以后都差点被困在其中；故事的结尾，帮助代达洛斯（Daedalus）脱险的，是他对于自己设计的迷宫构造的事先了解。在神话中，因为忒修斯（Theseus）深知迷宫的危险，他就提前想到一个办法：随身携带一个线团，拉着线走，以此来记录自己走过的路程。在他杀死怪物、完成任务以后，跟着线就能按照原路返回、找到出口。

在神话中，迷宫作为推动情节发展的动机再合适不过了，因为它充满了戏剧性。它的存在本身就带来了令人无法抗拒的神秘挑战的刺激，这就自然而然的给故事中的角色们带来行动的动力。确实如此，一个故事的文学性本身决定了这样的情节构造：如果存在着一个迷

（接上页）代达洛斯因嫉妒自己弟子塔洛斯的才华，而杀害了他，因此被赶出了雅典。他来到克里特岛，为国王米诺斯建造了一座迷宫，用于关押半牛半人的怪物弥诺陶洛斯。后来，他想回家乡，但不被米诺斯允许。

宫，那就一定有一个能够破解它的英雄。在这样的条件下，迷宫就成了塑造英雄的情节工具；迷宫所带来的挑战以及对于挑战的英勇应对共同创造了"踏上探索征程的英雄"的角色。迷宫对于作家来说利用价值很高，因为它能迅速地通过这样的挑战将不同的角色进行归类：那些可以闯出迷宫的人，以及那些做不到的人。一般来说，英雄都属于第一类角色，那些各种关于失败者的间接叙述，还能够进一步烘托主人公的成功，显得他更加独一无二。二十世纪的这些更具幽默感的现代小说家们，比如豪尔赫·路易斯·博尔赫斯（Jorge Luis Borges）、阿兰·罗布-格里耶（Alain Robbe-Grillet），以及凯特·莫斯（Kate Mosse）——都曾将"迷宫"这个词汇放入自己作品的标题——也许，对于他们来说，迷宫就像是映照着文学本身的一面终极镜子吧。

然而在这段著名的希腊神话里，代达洛斯（Daedalus）的迷宫只有一个目的：即让一个人（代达洛斯），并且只让一个人能够从中走出去。这样一来，这座迷宫就能够关押弥诺陶洛斯（Minotaur）以及那些被作为祭品送进去的受害者们。迷宫的设计初衷是一个空间上的管控机制，它只能识别一个个体的身份，这种识别取决于此个体对于迷宫地形上的了解。那么，从这个角度来看，迷宫从被创造的一刻开始就注定是一个失败品，就像忒修斯（Theseus）注定破解它，这样他才能成为故事的英雄。对于除了代达洛斯（Daedalus）以外的所有人来说，迷宫本应该是一个死亡陷阱的。而在故事中，忒修斯（Theseus）找到了破解迷宫"只能识别一个人身份"的办法，因为聪明的他发现了一个漏洞：从某个角度上来看我们可以把迷宫当作一个对称的系统；也就是说一个人是怎么进去的,那么他也可以走同样的路出去。于是,发现这一点的主人公就找到了这个看似不可能的事物的可能性:迷宫的缺陷就在这里,它只能用挑战者是否了解地理上的信息这一单一的方式来识别个体。

忒修斯(Theseus)的故事经过了时间的考验,一直被流传至今,顺便还推动了克里特岛的旅游业发展。若用心观察,其实不难发现,这迷宫其实看起来很像一个我们都遇到过的事物。若将迷宫作为一个系统来看,我们可以把它的运作机制概括为,在通过知识这个媒介(proxy)进行身份识别,前来解密迷宫之人默认接受的地理挑战,只有找到正确的出路才是唯一的答案,那么这样看来这个迷宫与现在被我们称为"密码"的特殊管控机制不正有异曲同工之处么。而忒修斯呢,应该勉强算得上是人类漫长的历史中最早的黑客

密码与其局限性　　7

之一吧。

・・・・_

现在我们来看下一则故事。早在二十一世纪初期(要说具体时间的话,我猜大抵应是在某一个深夜),一位英国公民坐在电脑面前。他的名字叫加里・麦金农(Gary Mckinnon),他坚信美国政府虽然持有外星人的存在证据,但出于各种原因没有向公众公开。他面前的电脑屏幕上显示着一个密码输入对话框。这个对话框属于他正在尝试着远程链接的美国军用电脑系统:屏幕上闪烁着熟悉的光标"・・・・_"。此时此刻,麦金农并没有输入任何密码,他直接按下[ENTER](回车键),因为他知道这个密码是空白的。因为在此之前,他已经花了好几个星期搜寻美军计算机系统的破绽。麦金农通过用他自己的设备运行了一个很基本的脚本,为的就是自动寻找安防系统的漏洞。

用胡东辉(Tung-Hui Hu)的话说,美军在这里应该就是吃了不良数码习惯的亏,虽然不良数码习惯这个词本身是有待讨论的。

就像忒修斯一样,麦金农也认为自己是个英雄。只不过在麦金农的故事中,他所讨伐的弥诺陶洛斯为美国政府工作,而他所追求的是自己坚信不疑的真相。塑造其英雄光环的挑战是"密码"所传递的信息,正是那种真相所带来的令人无法抗拒的诱惑,引着他去冒险通过自己掌握的信息来证明自己的价值,并进入"敌方"系统获取信息。而同样,他最"忒修斯"的时刻是:通过寻找"迷宫"外部的路线来破解迷宫,这条路不需要挑战者对于共享秘密的事先了解。事实的确如此,形象地说,麦金农入侵美国军用电脑系统的方法其实不过是"抱着一丝希望推每一扇门,看看会不会有一扇门因为人为疏忽而没有被锁上的"。

虽然这是两个不同的故事,有两个不同的社会背景,处于两个相距甚远的时代,但是它们却共享同一种叙述模式:通过挑战/回应这个公式,不同的系统平台十分孤独的处于高处,在根据个体所掌握的信息要求鉴别其身份的同时,还默默地等待着有一天有一个能够打败自己的人出现。也许比起麦金农的黑客入侵,忒修斯破解的迷宫更能充分地证明一个观点:不管是在什么时代,不管是在哪种文化背景下,人们一直都迫切地需要辨认他人是敌是友,而这种需求常常伴随着对于信息的管控。与"密码"有着相同运作模式的识别系统在不同的时间和空间中比比皆是,这一点是毫无疑问的。看看从古罗马到古希腊,再到当代我们所熟悉的各种系统就知道了。就像迷宫向我们展示出的形态一样,密码也从不是形式单一的系统(密码的英文为 password,从这个角度来看它显然是一种误称[1]［misnomer］。）并且，这种多样化趋势显然会在未来持续发展："你的密码就是你的脸"，伦敦公交车上的大幅广告牌上的字这么写着。尽管如此，我们还是惯性地把密码想得很简单——一个通过已知信息来区别不同个体的工具——一个识别某人身份的一种理所当然的方式，一个解决问题的直截了当的答案。请读者从这个角度试想一下，密码已经同个体的身份根深蒂固地联系在一起了，以至于当某人的密码被盗的同时，我们会毫不犹豫地默认他的身份信息安全也暴露在危险之下。

但是密码绝不是显而易见、自然的或者是简单的事物。它是复杂的社会产物，它的组成与形态受到宗教历史、神话、文学、想象力、身体、人格以及各种事物的影响，反之亦然，

---

[1] 误称，表示事物的名称并不能完全体现事物的情况。

它的存在也影响着所有上述的事物。这就给我们带来一个全新的角度,在我们这个对于量化愈发狂热的时代,我想提出一个基本的问题:当我们在谈论"身份"的时候,我们到底在谈论什么?

· · · ·

如果你想证明一个人对于自己身份的指称是真是假,你会怎么办呢?

应该会有很多可能性和解决方案出现在我们的脑海吧。如果你认识这个人,并且与他/她面对面,你就可以依赖你的视觉给你带来的信息。如果你看不见,你不妨请他/她说话,这样你就可以通过听觉来辨别这个人的身份。像政府这样既有权力又不缺钱的大型组织,会使用复杂的身份证来辨别个体的身份。这些卡片链接着一个人的家庭数据,这些数据唯有政府部门才有权掌握。不但如此,这些卡片一般还具有所谓的"防篡改"生物识别数据[1]（biometric data）和照片。那么，假设你没有这样的力量和财富，距离你想识别的对象还有着可观的距离，再加上你事先并不认识这个人，那么你就很有可能需要想到另一种识别方式了，比如一种基于预先共享的信息的识别方式，对于识别对象关于此信息提出挑战问题，以其回答来判断其身份。

密码的使用一般就由这两个要素组成：提问和回答。需要确认他人身份的一方一般是提出密码的人。接下来，回答的一方一般需要提供这些预先共享的信息，以此来显示他/她的身份。基本上，对于密码提问的正确的回答一般能够证实一个个体知道某个特定的词语或语

---

[1] 所谓生物识别技术（biometrics）就是，通过计算机与光学、声学、生物传感器和生物统计学原理等高科技手段密切结合，利用人体固有的生理特性，（如指纹、脸相、虹膜等）和行为特征（如笔迹、声音、步态等）来进行个人身份的鉴定。

句。如果一个且仅有一个个体了解密码信息，那么这个信息就能够证实这个个体的身份。如果这个密码被更多的人知道，那么这个情况就很可能导致错误的身份识别。

密码看起来是个充满争议的事物。因为它们在我们日常生活中无处不在的同时，也是现代科技为我们带来的不便之处之一。在如今全球化的互联网时代，无数的机构都在不断地为寻找更好的个体用户识别方式做出各种尝试。即使带着一些不情愿，人们也不得不承认在目前为了个人隐私的安全，我们仍然需要密码。不管它们是否有机可乘，密码的存在多少可以保护我们的个人信息不受黑客的侵袭，帮助我们进行远距离身份识别。

但是密码作为验证系统仍不但不完美，而且还有着不少缺陷。就像我们看到的那样，有些系统可以被一团线打败。其实在我上文描述的假想场景中,很多假设前提在逻辑上都有着明显的漏洞。第一个也是最基本的一个不完美前提就是,密码可以帮助我们识别的对象是人。在一个充满高速自动化密码破解程序的世界中,试图回答或是破解一个密码(这一方是某个机器的可能性很高)的一方很有可能是另一个电脑程序。一个二十一世纪的机器人吸尘器(robot vacuum cleaner)通过反复尝试或者软件定位法显然能够轻而易举地破解迷宫。

第二个不完美假设就是:在挑战者/提问方与回答方之间存在且一定存在一个附加的、秘密的,并且是预先设立的沟通渠道。简单地说,两方都必须事先知道密码是什么,才能保证这一信息的秘密性在被沟通以后不受到妥协。不管采用哪种形式,这"第二种渠道"都意味着这个情景下的两个个体已经事先沟通过了,因为只有这样密码才能成为共享信息。那么,在事先互相不认识（或者没有共同联系）的两个人之间，密码就不能发挥它的识别功能。密码的生效是有延迟的；在"第二渠道"建立之前，也就是双方沟通预先共享信息之前，密码是不能生效的。换句话说，密码是具有时效性的。

第三个不完美假设：当人们在验证自己身份的时候，必须能够正确地记忆自己的密码。尽管通过现代科技的创新，比如说"双因素授权"[1]（two-factor authentication）就能够超越人

---

[1] 虽然大多数人都将授权与认证视为同一件事，如果你不是专门研究密码学的人，将他们混为一谈其实也无可厚非。但是在定义上，授权，就是要确认是由"你"这个人所发出的，要怎么在电脑上辨认出是"你"，这个授权必须要有唯一性，不会与其他人重复。目前我们有三种授权方式：双因素授权（two-factor authentication），就是结合了两种不同的授权方式，而两阶段认证，则是两次都使用相同的授权方式。例如，你可以透过邮件或者简讯来发送密码等。或许你认为手机验证码会是另一种授权方式，但是事实上这些都是属于单因素授权。原因在于，简讯并不安全，且密码也很容易被截获，从安全角度来看的话，这两种方式的安全性是类似的。因此，双因素授权会比两阶段认证更安全，这是可以确定的。不过，使用两阶段认证，还是要比单一的密码认证要安全得多，这也是事实。

类的记忆基础,增加密码破解的难度,更有效地防止黑客攻击,密码的很多特性仍然受到人类记忆能力的局限。古罗马艾尼阿斯·塔西佗[1](Aeneas Tacitus)说得很有道理,密码应该"便于记忆"。

第四个不完美前提:一个密码只能识别一个个体。不论是在古代还是在今天,都出现了很多事例可以打破这个前提。很多密码都是为了多人而设立的,比如军队、潜艇指挥官等等。这一点也大大地增加了密码外传的风险,也大大降低了发现系统错误识别的几率。

第五个不完美前提:密码只能帮助已经互相认识的两个人,识别在场的个体是否是其中那个人。但是密码可以背叛其使用者,这是它与生俱来的特征。比如,当一个回答者对于一

---

[1] 艾尼阿斯·塔西佗(Aeneas Tacitus)古罗马史学家。

个敌方的提问给出了一个不正确的回答,那么,他/她有可能就被正确地识别为冒名顶替者。这种识别结果显然是对于回答者不利的。反过来看,如果一个回答者,对一个冒充的提问者给出正确的密码,那么这就意味着这个密码已经被暴露了(具体地说,就是假设我知道某个密码,然后再要求你告诉我这个密码是什么,也就是通过欺骗的方式来窃取这个密码)。

最后一个不完美前提:我在我的假想场景中的设定是,如果一个密码被两方以外第三方知道了,那么这个错误的身份识别的责任就默认是提问方的。假设我问一个骗子,密码是什么,如果这个骗子给了我正确的答案,那么我就可能误以为这个骗子的身份符合验证,换句话说,就是错误地认为这个骗子是其他人。在近几年,这个假设的前提显然有所变化。在二十世纪晚期,很多机构为了保护自己的利益,千方百计地将系统身份识别的风险从自己的身上转移到真正的回答者身上。现在用于系统远程错误识别的词汇是:"身份盗窃"。这种把责任转移到用户头上的尝试,其实比我们想象得要更频繁。这从根本上来说来源于我们对于密码的错误认识。

不过,当代身份识别系统的背后的确有一些疑难杂症。尽管我在上文举的这个例子多少有它的牵强之处,但是它也足以说明从密码成立的看似简单的前提出发,也衍生出不少的矛盾,以及具有缺陷的文化思维构建。

· · · ·

这是一本关于密码的历史、文化背景以及背后的哲学原理的书。这本书讲述了"我们知道的"是怎么变成"我们是谁"的过程,或者说密码科技的进步是怎么不断地影响人类对于个体身份的理解的。密码在我们的生活中是必不可少的。它们掌控着我们的金融状况、保护着我们的沟通信息、向他人证明着我们是谁。密码是强大的。但是,这个密码等于一个人(或一组人)的身份的等式是从哪里来的呢?在密码的世界里,一个人的"身份被盗了"这句话到底意味着什么呢?在未来,密码又会给我们带来什么呢?身份又到底是什么呢?我们到底是怎么定义一个人的呢?

密码在不同的历史阶段下,都占有着重要的一席之地。举个例子,在大多数社会中,军事组织一直都使用密码来限制他方对其关键信息的访问权。这种密码使用其实最早源于古罗马军队的"暗号"(watchwords),这种系统与当代的密码有很多异曲同工之处(比如最明显的,一个安全的第二渠道)。"请止步,来者何人?"就是一句典型的提问。除此以外,密码在文学的历史中也经常出现,就比如在《哈姆雷特》(*Hamlet*)中弗朗西斯科(Francisco)对勃纳多(Barnardo)的提问,让他"亮出"自己的身份,不过,更加常见的还是以各种各样的魔法咒语形式出现的密码。当阿里巴巴无意间听到四十大盗的暗语口令"芝麻开门"的时候,秘密性与密码就在这个著名的故事及其超自然元素中占领了核心地位。同理,在当代的文学和影视作品中,就比如在《哈利波特》(*Harry Potter*)三部曲的故事情节中,主人公们就是通过展示预先共享的秘密来获得进入秘密王国的"通行证"。不管是他们进入霍格沃茨的时候使用传统意义上的密码,还是他们"三重验证"的魔力、魔杖、咒语(本身就是一种密码)来施魔法。

在近几年,密码学科技和环球通讯系统的发展让密码在人类历史的中达到了前所未有的普及率。这个现象源于早期计算机的分时操作系统[1]（time-sharing systems），在这种系统下，是指在一台主机上连接多个终端，同时允许多个用户通过主机的终端，以交互方式使用计算机，共享主机中的资源的同时也保有"个人的贮存空间"。费南多·柯巴托[2]（Corbató），最早的分时操作系统的设计者之一，曾说过："让每个用户都拥有自己的密码，就像给每个用户一把锁一样，这看起来是一个直截了当的解决方案。"

这些在小说、电影、军事组织、数码时代

---

[1] 分时操作系统是使一台计算机采用时间片轮转的方式同时为几个、几十个甚至几百个用户服务的一种操作系统。把计算机与许多终端用户连接起来，分时操作系统将系统处理机时间与内存空间按一定的时间间隔，轮流地切换给各终端用户的程序使用。由于时间间隔很短，每个用户的感觉就像他独占计算机一样。分时操作系统的特点是可有效增加资源的使用率。例如 UNIX 系统就采用剥夺式动态优先的 CPU 调度，有力地支持分时操作。

[2] 费南多·荷西·柯巴托，生于美国加州奥克兰，计算机科学家，发展了分时操作系统，为 1990 年图灵奖得主。他曾领导了 CTSS 与 Multics 计划。

中出现的密码,其实都像是迷宫一样,因为从本质上讲,他们都是通过提问-回答的模式来收集信息识别人们的身份。在不同的历史时期,循环往复的都是这同一个模式,被科技进步所改变的不过是它表现的形式罢了。

012 虽然密码在我们日常生活中出现的频率是如此之高,但是几乎没人深入愿意思考它,也没什么人描写它(当然了,除了程序员以外)。柯巴托似乎没有能够意识到他口中"直截了当的解决方案"之所以显得如此理所当然,大概是因为密码的历史太悠久了。他还曾反问道:"难道在过去没有过某个类似的先例吗?"回答是当然有了,虽然跟他口中说的隐喻差得远了些。目前大多数关于密码的文章都是一些写给程序员们的实际操作性质的指导,目的是为了帮助他们增强某个身份识别系统的安全性,或者破解某个系统。对于密码的哲学思考和理论思辨需求,可以说在起跑线上就输给了对于密码安全性增强的需求。

・・・・

那么,密码到底是什么呢?什么才能称得上是密码呢?什么又称不上是密码呢?密码可以被用于保护空间/地点(限制区域),信息(限制通信)的访问权,以及某些行动(比如潜艇的武器发射)的同时,它们也会根据不同的用途采取不同的形式出现。举个例子,密码作为一种信息的类型,常常是言语性的。英文中,密码被称为 password,那么从字面上来看,在最传统的意义上它就是一种通行口令。当然了,密码也可以以非言语的形式出现,也就是要求某个体采取一个特定的措施:我们可以将它称为"通行行为"(pass-action)。比如共济会的握手礼就可以算得上是一种"密码"(通行行为),以此来传达自己具有某一共享信息。最后一种形式,也是最具有争议的一种形式,密码也可以是"通行空间"(pass-space)。就像我在开篇提到的那样,迷宫可以将挑战者带入一个秘密空间,那么这就要求挑战者事先了解它的地形信息。

就像我们已经看到的那样,迷宫本身算不上是一个安全性强的密码,因为挑战者很有可能用推理的方式破解它,或者找到它结构上的缺陷并以此来巧妙地避开挑战。其实,这一点也适用于其他形式的密码。比如,我很容易就能猜到我十几岁的弟弟的电脑密码肯定与阿森纳(Arsenal)足球俱乐部有关,因为他一直以来都痴迷于此;他的密码是"Kanu25"(一名球员的名字加上他球衣的编号)。这就是一个典型的容易被破解的密码。即使我弟弟电脑的密码没有那么好猜,我也可以通过他的CD光驱启动一个其他的操作系统的方式入侵他的电脑。这种方式其实算得上是巧妙地避开了密码本身的结构，也就是说它更接近于忒修斯为了破解迷宫所做的，找到了迷宫"附近的另一条路"，而不是尝试着了解密码本身的信息。那么问题来了，从空间的角度来讲，一个秘密空间存在与否这一信息算不算得上是密码呢？能说明这一点最好的例子应该就是，在禁酒令时期[1]（Prohibition-era）一个地下夜总会的秘密入口。如果一个人想要进入这个场所的话，那么它需要知道的就是一个秘密入口的地点（除非，你到了以后想要进门的话还需要另一个密码）。那么这到底算是一个密码，还是算是一个入口的地点信息呢？空间在所有实体中是最

---

[1] 从 1920 年 1 月 17 日凌晨 0 时，美国宪法第 18 号修正案——禁酒法案（又称"伏尔斯泰德法案"）正式生效。根据这项法律规定，凡是制造、售卖乃至运输酒精含量超过 0.5% 以上的饮料皆属违法。自己在家里喝酒不算犯法，但与朋友共饮或举行酒宴则属违法，最高可被罚款 1000 美元及监禁半年。21 岁以上的人才能买到酒，并需要出示年龄证明，而且只能到限定的地方购买。

难被归类和定义的一种，秘密入口到底算不算得上是密码系统至今还没有一个准确的答案。话又说回来了，如果密码被归结为一个为了以提问-回答的双向方式，以此验证个体的潜在身份，那么从这个角度来看，某些空间可以算得上是密码，即使它们的安全性并没有那么强。

估计从读者的角度来看，我仅仅根据"密码"的功能对它进行了广泛的定义。魔法咒语、握手礼、身体和基因密码，所有这些现象都是通过排除或承认预先分享的信息或是所有权而成立的，而且这些现象的本身都包含明确的或是隐含的提问（挑战）性质。所有以特定信息或者所有权作为媒介（proxies）来排除对象的在这里都可以被称为密码，因为它们从功能上来看与"通行口令"是一样的。如果我们从密码能做什么出发，来考虑它们的话，那么有它们出现的最为频繁的历史时期对我们来说自然就更加重要了。毕竟,密码的作用随着时间的推移也不是一成不变的。那么,既然用于死亡、辨别敌我的军事科技中的密码使用最为频繁,那么我不妨就从这个领域开始。说吧,朋友,然后进来。[1]

---

[1] 出自托尔金(Tolkien)的《指环王》。

1

"来者何人?"军队,死亡与密码

密码通常被视为能打开身份认证请求这把"锁"的钥匙。从传统上来讲,一个密码一般保护着比自身更具有重要意义的事物(比如一个空间,一个信息,或者能够执行某个行动的一种能力),而且它经常被视为一个系统中的脆弱环节。从最根本的角度来讲,密码是一个(被特定对象)共享的秘密并且/或者是一个通过身份验证来进行的排除行动。这个"秘密"的理念对于理解密码来说很重要。如果一个事物没有秘密性这个特质,那么它就不需要密码的存在了。而秘密性这个概念本身就取决于一个内/外的二分法排除机制。那些知道秘密的人是"属于某个组织"的人,虽然这听起来带有那些传说中的邪教组织的意味,但实质上密码的排除功能本质上就是如此。出于各种各样不同的原因,空间的排外性尤其的强。在人类历史上各种各样的神秘空间中,排外性最强的就属军队了。

出于很多原因,军事组织在无数个世纪以来一直依赖于密码。在军队储存平民不能合法拥有的现代武器仓库,一般都被精密复杂的身份认证系统守护着。同理,在今天军用电脑系统很显然仍依赖于密码的保护,来防止无访问权限者侵入其系统的敏感信息或执行一些其无权执行的行动。在这些复杂系统不断进化的同时,它们一直是人类历史中军事生活的特性。事实正如此,作为一个军事系统的恒久特性,密码可以被广泛地归为具有保护性的事物,它们横跨三种不同的空间：物理的空间、信息的空间，以及行动的空间。

密码，军队以及传统文化

不是每一种人类文明都具有军队。举个例子，克里特文明就没有军队，尽管在近几年这个论点也遭受到不同程度上的争议。同样地，生活在新西兰查塔姆岛[1]南部的莫里奥里人[2]就崇尚和平主义，不过这最终导致他们被入侵的毛利人[3]几

---

1 新西兰查塔姆群岛（Chatham Islands）位于南岛以东800公里处，新西兰本地居民很少踏足这些岛屿。
2 莫里奥里人，是分布新西兰查塔姆岛的南岛民族。他们是波利尼西亚人的一支，在1500年从新西兰移民至查塔姆岛。由于波利尼西亚人来自热带，他们的作物无法在温寒带的查塔姆岛生长，因此莫里奥里人改为采用狩猎采集生活，食物来源几乎完全来自海洋：蛋白质来自鱼，脂肪来自海豹和年幼的海鸟。由于人口少生活不安定（只有两千多人），他们内部生活多采用和平主义避免争执。
3 毛利人（Māori）是新西兰境内的原住民，属于南岛语族波利尼西亚人。其民族语言原本没有文字，1840年开始以拉丁字母作为民族语言之文字。民族信仰属泛灵的多神信仰。"Māori"这个词在毛利语语境中表示"正常"或"正常人"之意，当时的 （转下页）

乎种族灭绝。[1] 不过这并不是说和平主义者和非军国主义文化就不使用密码。尤其在我们今天的数字时代里，每个社会公民都有很多用于个人用途的密码。

不过，与那些和平主义社会截然不同的是军事文化主导的社会，这些社会的经济结构、集体生活都以军事活动为中心。古代的斯巴达文化[2]就

(接上页) 欧洲人进入新西兰地，毛利人便如此自称。外邦人则称呼"Pakeha"（原意有"反常人"的意思）。多数考古学和历史学者认为毛利民族是从库克群岛和波利尼西亚地区而来。也有学者认为毛利民族及所有南岛语族的发源地最北可以追溯到西太平洋的台湾，这在语言及传统建筑上有明确的证据。

1 在1835年11月19日，来自新西兰北岛塔拉纳基大区的Ngāti Mutunga和Ngāti Tama部落的500名持枪毛利人装载了78吨马铃薯，乘搭欧洲船罗德尼号入侵查塔姆岛，另一艘船上400多个毛利人在12月5日来到。入侵者杀害了一名12岁的女孩，并继续奴役杀害一些莫里奥里人，他们简短地向莫里奥里人宣布，他们的土地被没收，并成为毛利人的臣民。

2 斯巴达，又称拉刻代蒙，是古代希腊城邦之一，斯巴达城位于中拉哥尼亚平原的南部，埃夫罗塔斯河的西岸。斯巴达城是个战略要冲，三面环山，扼守着塔伊耶托斯山脉，塔伊耶托斯山脉上的隘口是进入拉科尼亚和南部伯罗奔尼撒半岛的必经之路，斯巴达城并不靠海，离她的海港吉雄有27英里的距离。

是军事政治的最好例子,当然新帝国主义[1]时期的英国,甚至今天的美国(根据许多时事评论家所说的军事工业复合体[2]理论)。事实是,在二十一世纪的初期,将一个国家的政治经济实力

---

[1] 新帝国主义(High Imperialism)是十九世纪晚期至二十世纪初世界强权,主要是大英帝国、俄罗斯帝国、法兰西第三共和国、德意志帝国、大日本帝国及意大利王国,他们以其军事力量积极对外拓展殖民地及政治势力。在 1870 年普法战争至第一次世界大战的四十多年间,是新帝国主义的全盛时期。

[2] 军事工业复合体(英语:Military-Industrial Complex, MIC),也称军事工业国会复合体(Military-Industrial-Congressional Complex, MICC),中文简称军工复合体,是指一国之军队与军事工业以相关的政治经济利益而紧密结合的共生关系。于此关系中,军队过分仰赖私有产业提供武器及军需,私有的国防工业企图以政治游说国会议员(如为地方创造就业机会)等政经手段来确保政府提供相关预算,导致军费高企,甚至鼓动政府高层发动战争或代为外销武器。这个名词最常被用于美国,而且是由第 34 任美国总统德怀特·戴维·艾森豪威尔在演说中首创的。作为一个贬义词,军事工业复合体主要用于美国的情境,这共生关系由国防承包商(军事工业)、五角大厦(军队),以及美国政府(立法部门及行政部门)的要角构成联合垄断;此联合垄断关系为发"战争财"来获取暴利,因而常与公众利益相违背,发动不需要(甚至有危害)的战争或军事行动,在国际关系上可能引发不必要的军备竞赛及武器扩散。军事工业复合体的负面评价,主要针对于这种联合垄断的政经关系不受民主程序的监督、反省及控制。

与其军事暴力实力联系在一起是很容易的事情，比如像乔纳森·哈斯（Jonathan Haas）之类的人甚至会说，"经济和人口状况是暴力现象的根本原因，也是促成复杂的集权政治的根本原因。"

秘密性，无疑是密码的核心组成元素。对于一个成功的集权政体或是一个有组织的暴力文化来说，其运作虽然不能完全依赖于秘密性，但它也是必不可少的关键。当然了，想要经营一个成功的现代复杂中央集权政体，仅仅会保守秘密显然是不够的。很多的秘密主义集权社会无论用哪种标准来衡量都算不上是成功的。不过，尽管在当代民主主义的大趋势下，秘密主义经常被与腐败联系在一起——比如维基解密[1]（Wikileaks）

---

[1] 维基解密，是透过协助知情人让组织、企业、政府在阳光下运作的、无国界非盈利的互联网媒体。朱利安·保罗·阿桑奇通常被视为维基解密的创建者、主编和总监。克里斯蒂安·赫拉芬森、约瑟夫·法雷尔和莎拉·哈里森是其组织的其他成员中仅有的几个被公众获知的与维基解密有关的人。

就借此噱头自喻为这种弊病的解药——尽管如此，"现代国家不仅组建了大型的且高度专业的情报设施"，他们的运作还"依赖于间谍、秘密行动、监视以及信息分类，这些都是政府以及军事组织必不可少的工具"。

从我们正在谈论的话题的角度出发，"秘密"在不同的时间有着各种各样的形式，以及不同的特征和不同程度的政治合理性。从古代社会来看，两个最明显的秘密种类分别是"国家机密"（arcana imperii）以及"已知存在机密"（secretum）。在古老的社会中，就像艾尼阿斯·塔西佗所说的那样，国家机密可以被用来代表当权者故意掩藏的某个信息。这意味着他们决定回避谈论或泄露某一可能让他的权威遭到威胁的信息。这样的秘密没有任何被合理化的需求，因为它的存在本身对于外界来讲是完全未知的。相对而言，已知存在机密

(secretum)就不一样了,因为它更接近于我们当代所说的"保密性"这个概念,也就是这种包容和排斥的制度。这里的已知存在机密指的是局外人即使不知道机密具体是什么,但他们至少知道有这种机密的存在,或者说他们怀疑机密的存在。这其实是思考方式的问题,就是说"已知和未知之间存在着某种联系,以及那些怀疑的局外人与那些'应该知道的'的内部人士之间的联系"。

密码既可以是前者也可以是后者,不过作为已知存在机密的密码更加常见。当密码以未知存在秘密(arcana)的形式存在时,如果某一当权的机关,比如说军队,决定使用密码来保护自身的安全的同时,他们并不把这一安保措施公之于众,那么在这样的情况下密码就自然算得上是国家机密了。当你想要"骗取"某个实体的时候,如果你连它的访问权受到密码的保护这个事实都不了解,那么破解或猜测某个密码自然是不可能的。相比之下,在我们所能遇到的大多数情况下——因为密码如今的普及率如此之高——很多密码其实本质上都是已知存在机密。我在这里的意思是,大家都知道,或者说都怀疑存在着这么一个密码,它守护着军事机密,或某机构的系统安全,但是只有少数相关人员真正了解这个密码的形式以及它到底是什么。

密码的这种双面性特征以及它们在军事历史中的重要地位,可以一直被追溯到古罗马帝国时代。所以我决定先从古罗马时代看看被用于军事用途的密码。举个属于国家机密的例子,为了突破一次围攻,塔西佗曾经提议:"每个人都应与自己的护卫事先设计好一套用口哨交流的系统,为了防止分开以后不便,因为对于不知情的人来说口哨无法传递任何信息。"在这样的条件下,这个口哨就是能够鉴别个体身份的"密码"。目前为止,对于上文这些人来说,口哨仅仅算是已知存在秘密。不过还有一点很重要,就是如果敌人根本不知道这个鉴别系统的存在,那么他们也不可能假扮一个知道这个系统运作方式的人。由此可见,密码在军事历史中,与国家机密以及已知存在秘密都有紧密的联系。用现代人的话来说,等一下我还会仔细地谈这一点,这些分别等同于"人为设计的安全机制"(security by design)和"晦涩的安全机制"(security by obscurity)。已知存在机密就相当于人为设计的安全机制:因为每个人都可以知道存在着某个安全机制,他们甚至还能够知道这个机制大概长什么样子,以及是如何运作的。即便是这样,他们也无法破解这个机制,因为很显然虽然知道密码存在与否,但是却不知道密码本身是什么,还是没用。与其相反的，晦涩的安全机制就像是前文所提到的国家机密。在这种模式下，由于密码本身势单力薄，所以它运作起来还需要"多一层保护"，在这样的安全设计下，局外人对于这个机制为何以及它是如何运作的都一无所知。

在艾尼阿斯·塔西佗对于古罗马军队的描述中，密码所守护的三个核心领域十分明显：空间、认知以及实际用途（换句话说，就是分别与地点、信息以及行动有关的密码）。第一种机制与密码保护最为相近，它就被用于罗马军队营地的守夜系统中。塔西佗所规定的是，"在战争时期，尤其在敌军距离城市或是营地很近的时候，守夜者必须在夜晚严密把守，不得疏忽"。并且"交班的时候以及巡逻的时候都应该要求对方说出密码"。很显然，塔西佗的小心翼翼不是没有道理，它与我在本书开头所提到的关于身份鉴别问题的假设有更多的相同之处。当你需要鉴别一个士兵是敌是友的时候，有一点十分关键，就是保证鉴别过程的执行地点与你的距离超过该士兵所携带武器的最小有效攻击距离（在现今这个潜在核战争威胁下的全球化世界，这个最小有效攻击距离可能已经成为一个十分陌生的概念。）在古罗马时代，夜幕降临以后，在这个特定的距离和光照条件下，口头表达的密码鉴别成为唯一可行且安全的身份鉴别方式。换句话说，在当代，密码弥补了因面部和声音识别的缺乏而无法事先鉴别的漏洞，不论这个缺少是因为双方事先不认识对方造成的，还是由于提问以及回答者之间的距离过大造成的。

塔西佗还举了很多关于古罗马时代密码保护认知领域安全的例子（比如信息安全）。确实如此，很多著名人士在古罗马都使用过密码，最有名的无非是以著名古罗马共和国统治者而命名的恺撒密码[1]了。与最初相比,密码与密码学(cryptogtaphy)在其中分别都扮演了什么样的角色变得愈发暧昧不明了。

密码学是为信息加密的一门学问,其目的在于只让特定的接收者有权阅读特定信息。这种状况一般都属于人为设计的安全机制,而不是晦涩的安全机制,因为在晦涩的机制中,即使信息被窃取,它仍然是晦涩且无法破解的。除了不对称的加密系统(这一点我们还会在后文中提到),很多加密系统都取决于接收者是否已知某个特定的词语或语句,而这个词语和语句就是传说中破解信息的"关键":密码。

尽管如此,古罗马和古希腊的密码学看待密码的方式与现如今将密码视为钥匙一般使用

---

[1] 恺撒密码(英语:Caesar cipher),或称恺撒加密、恺撒变换、变换加密,是一种最简单且最广为人知的加密技术。它是一种替换加密的技术,明文中的所有字母都在字母表上向后(或向前)按照一个固定数目进行偏移后被替换成密文。

还是有所区别的。在古代密码学最著名的故事里——比如恺撒密码和密码棒[1]（Scytale device，也就是一根既能够将信息加密又能破解密码的圆柱形木棒，破解的方式很简单，就是用羊皮纸将其缠绕）。举个例子——比如利用密码的变换和置换，其中字母通常在字母表上向后（或向前）按照一个固定数目进行偏移后替换成密文（比如"a"可以被替换成"b"，"b"可以被替换成"c"，以此类推），再比如被打乱了阅读顺序：

HELLO

THERE

---

[1] 在密码学里，密码棒是个可用于传递讯息字母顺序改变的工具，由一条加工过，且由绕在一根棒上夹带着讯息的皮革所组成。在古希腊，文书记载着斯巴达人用此在军事上传递讯息。密码接受者需使用一个相同尺寸、让他将密码条绕在上面解读的棒子。快速且不容易解读错误的优点，使它在战场上大受欢迎，但是它很容易被破解，安全性低。

可以被打乱成：

HTEHLELROE

在以上列举的每种情况中，被选中的信息接受方必须知道信息的加密方式。由于这些密文都是对称的，这里的对称指的是信息的加密方式也同样是其解密的方式，所以接收方只要知道发送方是如何设定的密码就万事大吉了。

从某种程度上来讲，加密方式（作为一种行当来讲）本身就可以是一种"密码"。因为对于加密方式信息的限制与密码就有很多的相似特征：它同样通过预先分享信息来筛选对于信息的访问权。各种对加密方式信息传播的限制措施也表现出，自有史料记载以来，"第二种渠道"问题就是密码系统的核心。如果你在古罗马时代尝试发送一个秘密信息,塔西伦(Aeneas Tacitus)曾经提到"发送方和接收方之间应该提前协商好一种秘密的安排"。第二种渠道。塔西伦(Aeneas Tacitus)所描述的密码也常常伴随着非言语的部分,这一部分再加上口头表述的密码,就组成了符合要求的访问者;"有的时候,一个手势也可以伴随着密码被使用,这样能更好地防止不必要的惊慌,也可以更好地识别对方是敌是友"。

从某种程度上来讲,与密码学相关的密码与其他类型的密码并没有太多区别:他们都能通过检验对方是否具有事先分享的信息来识别接收者身份,并给予其原本未知领域的访问权。这个原理其实很简单,在这种情况下,密码所守护的领域本身就是认识论范畴的(换句话说,就是与信息有关的),也是具有可传播性的,而不是一个物理上的空间。从这个例子我们可以看出，密码这个概念在军事的历史中是否被延伸到非口头上的组成元素，就像塔西佗所构想的那样，那么很明显通过隐藏加密方式的密码学保护（这种晦涩的安全机制）也算得上是一种密码了。

其实塔西佗所列举的隐写术[1]（steganography）

---

[1] 隐写术（eganography），是一门关于信息隐藏的技巧与科学，所谓信息隐藏指的是不让除预期的接收者之外的任何人知晓信息的传递事件或者信息的内容。隐写术的英文叫作 Steganography，来源于特里米乌斯的一本讲述密码学与隐写术的著作 *Steganographia*，该书书名源于希腊语，意为"隐秘书写"。一般来说，隐写的信息看起来像一些其他的东西，例如一张购物清单，一篇文章，一篇图画或者其他"伪装"（cover）的消息。隐写的信息通常用一些传统的方法进行加密，然后用某种方法修改一个"伪装文本"（covertext），使其包含被加密过的消息，形成所谓的"隐秘文本"（stegotext）。例如，文字的大小、间距、字体，或者掩饰文本的其他特性可以被修改来包含隐藏的信息。只有接收者知道所使用的隐藏技术，才能够恢复信息，然后对其进行解密。例如，复制这行文字，在别处贴上后，便可看见隐藏的讯息。隐写术一般是指将秘密信息嵌入或隐藏到其他不受怀疑的公开信息之中的技术。隐写术的方法通常要依赖于隐秘通信的存在是不为其他人所知的这样的一种假设。它主要使用相互信任的双方进行点对点通信的方法。因此，从它的基本特征上能够看出，隐写术的方法一般是不稳健的，隐藏的信息也很难在载体数据被处理后进行有效地恢复。

的不同形式也是这样。隐写术指的是另一种为信息加密的方式,说白了就是把某个信息在众目睽睽之下藏起来。在这里我先举一个隐写术的例子,尽管这是个安全性不怎么高的例子,即把组成秘密信息的字母斜体化:"*m*aybe *s*omething *s*omewhat *a*kin to *g*eneral writing"(秘密为:"message")。塔西佗描述过一种古罗马军队使用隐写术发信的方式,通过事先共享的信息组成一个密码,这个密码能够识别阅读者的身份,确定他是否具有阅读信息的资格:

一本书,或者其他的文件,大小随意,或新或旧都可以,一般是被捆在一起的或是被包裹起来的。其中,加密者用肉眼几乎难以识别的小点标记第一行,或者第二行,或者第三行的某些字母,只有接收者能够识别它们:接下来,当这本书到达目的地以后,接受者通过破译这些加点字母,将它们按顺序一行一行地放置在一起，就能够得到所需的信息了。

换句话说，密码显然有着各种各样的形式，因为需要被加密的信息本来就具有不同的形式。

最后，密码还能够下达特定的行动许可，尤其是军事行动。在现代战争中，许许多多的影视作品中经常会出现潜艇指挥官需要授权编码才能够发射核武器的情节，相信这样的情节对于读者来说一定并不陌生。尽管在塔西佗所生活的古罗马，一个不正确的密码还可以作为一个授权机制下达的特殊行动指令。当印布洛斯岛（Imbros）的阿申诺多洛斯（Athenodorus）试图溜进卡里德姆[1]（Charidemus）的军营中时"他们因为没有说出正确的密码被发现了身份"。由于给了错误的密码（或者根本没能给出密码），"其中

---

[1] 卡里德姆，古希腊雅典雇佣兵将领。

一些人被轰了出去,其他人在营门当场被杀死。"在这种情况下,一棵决策树[1](decision tree)的两种可能性都是由同一个密码授权的,这就取决于接受挑战一方给出的口令是否正确。

恩尼格玛密码机:复杂性,计算,加密以及破解

与其他古典文明比如古希腊一样,古罗马人也发现了身份识别系统背后的一些基本原则,这些原则至今都没有从根本上改变过。随着时间所改变的,只是这些保护着某些地点、

---

[1] 决策树(Decision Tree)是在已知各种情况发生概率的基础上,通过构成决策树来求取净现值的期望值大于等于零的概率,评价项目风险,判断其可行性的决策分析方法,是直观运用概率分析的一种图解法。由于这种决策分支画成图形很像一棵树的枝干,故称决策树。在机器学习中,决策树是一个预测模型,他代表的是对象属性与对象值之间的一种映射关系。Entropy=系统的凌乱程度,使用算法ID3,C4.5和C5.0生成树算法使用熵。这一度量是基于信息学理论中熵的概念。

某些信息、某些行动的安全系统的复杂程度，以及所需的计算量而已。

能证明科技进步与战争之间联系的最佳例子就是互联网本身。就像科学技术领域杰出的学者珍妮特·阿贝特[1]（Janet Abbate）所说的那样"在互联网被转移到民间管理的年代，他的本来的'军事出身'历史就逐渐被轻描淡写了……但是互联网并不是为了响应大众的需求而被创造的……其实，整个互联网的产生更能够反映曾经军事投资的计划经济的影响"。莱昂纳多·克莱洛克（Leonard Kleinrock），一位曾经在互联网的前身阿帕网（ARPAnet）工作过的美国计算机科学家，同样也注意到"每次我在写提议的时候，都要提到这个项目在军事应用方面的重要意义"。

---

[1] 珍妮特·阿贝特，弗吉尼亚理工学院科学技术学科副教授。主要研究电脑科学、互联网，以及女性在该领域的贡献。

这种科技进步跟随军事应用的需求而发展的模式已经是既成事实，而且不足为奇。再举一个例子，美国国家航空航天局[1]（NASA）所制定实施的和平探索太空计划的背后其实也藏着血的历史。在第二次世界大战的结尾，"回形针行动"（operation paperclip）的原始目的是将最出色的纳粹[2]科学家带进美国，让他们进一步推动火箭发射计划。美国国家航空航天局（NASA）的第一任局长沃纳·冯·布劳恩（Wernher von Braun）就是这样一位科学家，毋庸置疑的是，如果他不充分发挥自己的余

---

[1] 美国国家航空航天局是美国联邦政府的一个独立机构，负责制定、实施美国的民用太空计划与开展航空科学暨空间科学的研究。1958年7月29日，美国总统艾森豪威尔签署了《美国公共法案 85-568》，创立了国家 NASA 航空和太空管理局，取代了其前身美国国家航空咨询委员会。于 1958 年 10 月开始运作。

[2] 纳粹主义，指 1933 年至 1945 年间统治德国的独裁政治，即"第三帝国"。"纳粹"这个词在德语中的含义并不具有极为明确的意涵，然而，纳粹主义意识形态的精神是"属于一个民族的"，也称为民族国家社会主义。

热,估计就要因为纳粹 V-2 火箭计划[1]中非法使用苦役而被推上军事法庭受审了。有一个很老的笑话说的就是美国国家航空航天局(NASA)与 V-2 项目通过沃纳·冯·布劳恩(Wernher von Braun)建立的千丝万缕的联系:虽然宇宙中的星星是我最终的目的地,不过有的时候我也打伦敦。

说到密码,战争时期的科技进步一共有两种形式:发展新方式以及破解旧方式。说到这里我们可能要从古罗马跨越很长一段历史的空白了,第二次世界大战是密码科技发展最为迅速的时期,轴心国(Axis)的密码科技迅速发展以及它们的重大发明——恩尼格玛密码机(the Enigma machine),使同盟国(Allied)不

---

[1] V-2 火箭是指纳粹德国在二战中研制的一种短程弹道导弹,也是世界上最早投入实战使用的弹道导弹。其目的在于从欧洲大陆直接准确地打击英国本土目标。

得不想方设法发展自己的密码科技来进行应对。

在最近的《电影模仿游戏》(*The Imitation Game*)[2014]中被重新搬上大荧幕的恩尼格玛密码机最初是被二战时期德国纳粹使用的加解密机器,尤其是在第二次世界大战中大西洋U型潜艇海战行动中,它更是大显身手。恩尼格玛密码机的电子转子机械技术(electro-mechanical rotors)显然是密码科学发展的飞跃,尽管恩尼格玛(Enigma)所使用的原理本身已经算不上是新鲜事了。事实上,恩尼格玛密码机的运作原理正是十五世纪的多表替代密码(Polyalphabetic substitution cipher)。在多字元加密法(Polyalphabetic cipher)中,每一个字符都被密文中另外的字符替换了,也就是说每个字母都被根据一定的数量移位了,而这个数量取决于最初的密码索引。恩尼格玛密码机的运作模式中,加密的索引取决于机械与电子,它会根据最初设定状态改变每个字符的替换值。这种方式使密码编译变得前所未有地难(增加"密钥空间熵"[keyspace entropy]),因为它们最终会被放置到加密循环([cryptography circles]中)。进一步来说,密码索引还会每天根据预先设定的周期的循环(第二种渠道),这种操作就给密码分析带来了巨大的困难,因为由于它排除了频率分析(这里的频率分析指的是:比如观察英语中某些字母,如"E"相比其他字母,出现的频率更高)的可能性,这样就几乎无法预知任何信息。遇上恩尼格玛密码机,不管你知不知道它的运作方式;每天,这个机器都能够创造一个崭新的密码(加密索引 encryption key),所以想要在短时间内破解出密码几乎是不可能的事。事实上,美国国家安全局(US National Security Agency)对于恩尼格玛密码机的分析成果显示，它有 3 个 10 的 60 次幂种可能的密码。

恩尼格玛密码机的事例给我们带来了一个看待现代密码学有趣的角度：就是编译密码的最终目的并不是让它无法被人破解，而是让它在一个有效时间段内无法被人破解。对于纳粹的潜艇行动来说，密码需要达到的复杂程度是：所需破译时间越长越好，最少起码也不少于一天（因为一天之后，转子和线路就可能会被替换了）。

不管在流行小说或是影视作品中是如何描述的，恩尼格玛密码机绝不是被同盟国奇迹般地一步到位破解的。而且破解的也不是哪一个独立的国家或是个体的努力所带来的（尽管，有几位人物的存在的确是至关重要的）。说到底，对于恩尼格玛信息的逆向代码反工程（reverse-engineer）能力远不是通过一个单一的密码分析法达到的。即使数量上达不到转子机械能够产生的密码组合，解密恩尼格玛仍然是一个复杂而多样的大工程，这个工程中包括了一系列的不同方法，它们组合在一起才得以最终完成破解任务。

最早加入恩尼格玛破解行动的是几位来自波兰的密码专家，是马里安·雷耶夫斯基（Marian Rejewski）、耶日·鲁日茨基（Jerzy Rozycki）以及亨里克·佐加尔斯基[1]（Henryk Zygalski）。他们从一台商用恩尼格玛密码机入手，再加上一些为德国叛变者提供的信息，这些波兰人能够基本上确定纳粹使用的密码机的基本线路安装以及转子机械的大概形态。不过这些信息并不足以使他们成功破解密码

---

[1] 亨里克·佐加尔斯基，波兰数学家和密码学家，20世纪30年代与马里安·雷耶夫斯基、杰尔兹·罗佐基等人一同进行了对德国恩尼格玛密码的破译工作，并称为密码研究领域的"波兰三杰"。

机所带来的秘密信息,因为最初的形态仍是未知的。为了更好地推断转子的机械设定,波兰小分队自己制作了一台机器(被他们称为"密码炸弹"),这台机器可以快速地检验初始位置,让他们能够轻而易举地破解恩尼格玛密码。

德国方面对此的回应是,增加他们恩尼格玛密码机的转子容量到五个,也就是在这时,著名的艾伦·图灵(Alan Turing)在布莱切利园[1]创造了密码破译的传奇。图灵能够修改、完善波兰的"密码炸弹"以对恩尼格玛的秘密

---

[1] 布莱切利园,是一座位于英格兰米尔顿凯恩斯(Milton Keynes)布莱切利镇内的宅第。在第二次世界大战期间,布莱切利园曾经是英国政府进行密码解读的主要地方,轴心国的密码与密码文件,如恩尼格玛密码机等,一般都会送到那里进行解码。自恩尼格玛密码机被破译后,布莱切利园所收集到的军事情报一概被代号为 ULTRA;尽管现今有部分人对这些情报的功用提出质疑,但普遍认为,ULTRA 除了帮助盟军外,还起到了提早结束战争的作用。布莱切利园已为一所向公众开放的博物馆。

信息进行一次已知明文攻击[1]（known-plaintext attack）。换句话说，图灵的机器可以通过假设秘密信息中所包含的特定的语句来排除不可能的转子设定，比如"希特勒万岁""去"这样的词汇，在诺曼底登陆（D-Day）行动中这个关键词汇则是"WETTERVORHERSAGEBISKAYA"（大西洋海湾天气预报）。一切都进行得很好，但是与此同时，德国海军又将自己密码机的转子数量升级到了八个。在这八个转子中，他们可以任选三个来使用。没有这一信息，布莱切利园也束手无策，他们只能破译有限的几组消息。让同盟国（Allies）更加头疼的问题又再次

---

[1] 密码分析中，已知明文攻击（Known plaintext attack）是一种攻击模式，指攻击者掌握了某段明文 x 和对应密文 y。在所有密码分析中，均假设攻击者知道正在使用的密码体制，该假设称为科克霍夫假设。而已知明文攻击也假设攻击者能够获取部分明文和相应密文，如截取信息前段，通过该类型攻击获取加密方式，从而便于破解后段密文。希尔密码依赖密文攻击较难破解，而通过已知明文攻击则容易攻破。

出现了,就是德方又添加了第四个有效转子。

后来,美军加入同盟国势力,他们才能够共同制造出大批的高速密码破解机器。直到几台U型潜艇被截获以后,同盟国才知道应该如何修改他们的设备来应对第四个有效转子。尤其是在U-559潜艇上发现的电报密码本(codebook)对于提供复制本(crib)来说有着不可估量的价值,有了这些复制本,同盟国的已知明文攻击(known-plaintext attack)也有了明确的对象。

关于恩尼格玛的这段被我极度浓缩的历史十分著名,也多次被搬上大银幕。但是却很少有人提到,在更广阔历史意义上它为军事密码带来了什么。在一个全球化的战争年代,将电动机械转子引入对称的加密系统,相当于把密码带进了一个全新的时代,在这个时代里只有机器能够破解被其他同为机器的存在创造的密码。当时破译密码的方式与先前的也不是没有重合的地方。举个例子，获取加密文档的最简单方式始终不是密码分析或者对复杂的密码机进行暴力破译，而是从第二种渠道下手。如果你能够强迫你的对手对你透露密码，或者你能够更简单地直接获取共享秘密，那么谁需要通过机器猜来猜去呢。就像网络漫画《xkcd》[1]中所描述的那样，在一个狂热的密码学爱好者的想象中，他的对手只会被一个精心编写的加密程序所打败。而在现实中，该对手更有可能直接上手，对加密者进行实体攻击，通过胁迫来得到密码索引，以掠取密码，这样应该更简单不少。换句话说：当你第一次礼貌地问密码是

---

[1] xkcd是由兰德尔·门罗创作的网络漫画。作者对其的描述是"关于浪漫、讽刺、数学和语言的网络漫画"。曾获得网络漫画家选择奖等奖项。漫画的题材多种多样，包括生活与爱情、数学与科学幽默、简单的幽默和流行文化等，人物则多是简单的火柴人。漫画使用创作共用协议授权。

什么没有成功的时候，试试拿一个重物砸你的对手，一直砸到他开口为止。

还有一种考虑主要渠道以及第二种渠道的方式——也就是从所需时间出发来看到底谁优谁劣。一台电动机械设备给破解密码的人带来的麻烦已经超越人之所及的范围了。在恩尼格玛的破译中，同盟国的密码专家建造了一台机器来拓展他们的工作能力，达到了能够找到正确密码的级别。但是，如果从第二种渠道入手获取密码所需的劳动力少于发明一台密码机或者猜测原始密码，那么，一次袭击就成为最有效的攻击形式了。密码再强大，相比之下，在很多时候一个密码系统中负责操作的人和第二渠道一般是其安全性的脆弱环节，所以说一个密码是否安全其实取决于这两个环节是否可靠。当然了，法律对于人身伤害的刑罚一般要比入侵他人电脑系统更加严酷。这样的设计就是为了防止罪犯通过攻击他人来获取密码。在战争年代,情况可能会有所不同,国家依赖它对于暴力的掌控,可以攻击第二种渠道。

最后,恩尼格玛事件向我们揭示了密码科技进步方面很有趣的一点。在这一节的开头,我曾提到过,密码学的进步在战争时期通常会发展得更迅速;不管是战乱还是和平,密码的复杂程度通常都是被破解技术的进步逼出来的。换句话说,密码学的真正突破不是那些编写密码的人琢磨出来的,因为他们通常坚信自己的创作是坚不可摧的,只有那些试图破解密码的人才能让密码系统中的漏洞见天日。在下一节中我们将共同探索,密码世界中,破解是怎么成为创作中的关键一步的。

解密,军事和法律

现在让我们回到引言中举到的一个例子

032 中。在 2002 年，来自苏格兰的加里·麦金农被美国政府公诉人指控犯下施行"有史以来规模最大的电脑系统入侵"犯罪。不过比起其他入侵美国军事电脑系统的不法之徒来说，麦金农还算得上是一个温和的入侵者。他表现出了对不明飞行物（UFOs）、自由能扼杀阴谋（Free-energy-suppression conspiracy）理论以及所谓的反重力科技（Antigravity technology）的兴趣，这是唯一被他本人所承认的也是他们唯一声明的入侵美军系统的动机。接下来，麦金农被诊断出患有阿斯伯格综合征[1]（Asperger's syndrome），英国政务不顾反对意见，阻止了美国政府引渡麦

---

[1] 阿斯伯格综合征（英语：Asperger syndrome，简称 AS），属一种发展障碍，其重要特征是社交与非言语交际的困难，同时伴随着兴趣狭隘及重复特定行为，但相较于其他泛自闭症障碍，仍相对保有语言及认知发展 [4]。亚斯伯格症患者的智力正常，其中有许多人智商偏高具有天赋，只有极少数的人属于高智商，经常出现肢体笨拙和语言表达方式异常等状况，偶尔会发出怪声音，但并不作为诊断依据。其症状一般在两岁前出现，并伴随患者终生。

金农的要求。与其他"成功的黑客"不同的是,麦金农并没有通过编写复杂的漏洞检测代码(exploit code)来获得陌生系统的访问权。他反其道而行之,就像我们已经提到的那样,他仅仅简单地扫描了美国政府电脑中不具备密码保护的区域,找到了其密码系统中的漏洞,接触到一系列属于政府机构的敏感网络。打一个形象的比方:美国军方只是没给自己的大门上锁。

现在让我们回来继续讲这个故事,美国政府对于这个系统漏洞导致的乌龙事件反应迅速,麦金农被指控删除了美军军事服务器上的重要文件,并因此判处了长达七十年之久的有期徒刑。对于一些人来说,麦金农算得上是罪有应得。毕竟,他惹到的可是堂堂美利坚合众国的军队安防系统,对方当然想杀鸡儆猴。不过话又说回来了,美国军方电脑系统的保护措施如果真的如此不堪一击的话,那么他们的政府难道不应该对麦金农(虽然麦金农纯属碰运气)让他们及时注意到这一点感激涕零吗?不过,七十年的有期徒刑要远远超过人身攻击的一般刑罚,七十年这个时长更接近于间谍活动的刑罚。

麦金农事件将是我所谈到的密码军事历史的最后一个个案研究,从根本上来看,该事件所涉及的其实是"责任揭秘"(responsible disclosure)以及合法性(legality)问题。这些问题长久以来一直是困扰计算机领域安全挥之不去的噩梦。如果一个人在某个软件中发现了漏洞,那么他应该怎样将这个问题向软件的创作者反应呢?有一部分安全专家声称,这些安全漏洞应该私下与创作者沟通。因为只有在这些情况下,只有不公开这些发现,软件用户的信息才能得到保护。不过,这种推论的逻辑依据根本经不起分析。第一,恶意的攻击者可能通过自己的力量独立发现漏洞,在这种情况下,用户是不知道自己的信息安全已经受到威胁的。另外,从软件开发公司的角度来看,他们用什么来修复系统漏洞,他们评判漏洞是否值得修复的标准是什么都是不清晰的,也许对于他们来说,有些问题过于微不足道,甚至连被修复的必要都不存在。

美国密码学学者、信息安全专家布鲁斯·施奈尔(Bruce Schneier)关于安全责任揭秘措施的这种模糊性如此说道:

> 对于一个软件公司来说,安全性问题在很大程度上是外在性问题。换句话说,这些问题对于你——也就是用户——的影响要远远大于对他们本身的影响。一个聪明的商人定会将系统漏洞当成公关危机

（PR）问题来处理，而不是将它看作软件本身的问题。所以，我们作为众多用户中的一员，想要让软件公司认真对待系统漏洞的话，就要让这些公关危机变得更棘手，以至于软件商不得不修复其漏洞。

施奈尔所提倡的是"全面披露原则（Full disclosure）"，也就是说软件公司有义务公开系统漏洞的全部细节。当然了，这种较为极端的措施也有它的后果，就是有可能将用户信息暴露于恶意攻击者的威胁之下。一种妥协的方式就是"负责任的漏洞披露"（Responsible disclosure），相对于全面披露，负责任的漏洞披露在一定程度上以禁令（embargo）保护用户信息安全不受攻击者的威胁；软件的开发者在有些时间段以内可以掌控信息，在这段时间中他们有义务修护系统的安全漏洞，而后这个漏洞才能被完全公开。

这一切与密码和军事之间又有什么关系呢？其实，这其中利害关系是不可小觑的：官方军事机构所采取的任何措施都需要合理性，也就是社会舆论的支撑，以此来保证自己对于暴力的垄断。请试想，一个无能应对密码安全问题的军事机构，会让它应当守护的人民感到安全么？所以，如果没有公众的支持，军事机构就会失去他们的行动的合理性动机。这就将我们话题的中心引入了一个新的领域，一个我们十分重视的领域：国家军事行动的合法性以及什么是真正的公共安全。

尽管麦金农事件也具有一定的独特性，但是上述合理性问题也在其事件中得到了充分体现。麦金农发现了美军连入互联网的军事网络中数目可观的密码漏洞。很显然，这对于美军来说无疑是一个巨大的丑闻；用施奈尔的话来

035 说——一个严重的公关危机。不过美国军方在这种情况下还有一个利益冲突。从它自身来讲,美军肯定希望公众将它们看作一个百分之百的称职且安全的机构,但很显然十全十美是不存在的。所以他们的面前就摆着两个完全相反的逻辑。一方面,如果军方请相关专家来攻击自己的密码系统,通过这种方式来寻找漏洞,并负责任的漏洞披露这些被发现的问题(恶意的对手已经在尝试这种方式了,只不过他们没有进行负责任的漏洞披露,所以他们并不需要承担很大的风险。)另一方面,军方行动的合理性面对每次信息披露带来的公众质疑,都可能受到挑战。换句话说,军方密码系统要想通过"被攻击"得到巩固,他们就不得不承受这种"攻击"对于自身存在合理性的挑战。

在麦金农事件中,很显然美国军方饱受公

关危机带来的舆论压力，这也是为什么他们判了麦金农七十年之长的有期徒刑。严格地来说，麦金农算不上是一个白帽黑客[1]，也就是说是那些用自己的黑客技术来维护网络关系公平正义、测试网络和系统的性能来判定它们能够承受入侵的强弱程度的黑客。他的动机在于披露权利人保密的信息。不过他也算不上是危险的重刑罪犯。在信息战[2]愈发激烈的今天，军方显然受到其保护公众安全义务，以及其保证自身存在需要的双重压力捆绑。他们到底应在哪里划下起诉的界线，并不清晰。因为情势所迫，杀鸡儆猴的威慑力看起来是有必要的，所以法庭决定重判。不过这种做法能够震慑到

---

[1] 白帽黑客是指白帽匿名者（white hat hacker），又称为白帽子，是那些用自己的黑客技术来维护网络关系公平正义的黑客，测试网络和系统的性能来判定它们能够承受入侵的强弱程度。
[2] 信息战是为夺取和保持控制信息权而进行的斗争，亦指战场上敌对双方为争取信息的获取权、控制权和使用权，通过利用、破坏敌方和保护己方的信息系统而展开的一系列作战活动。

的最终不过是那些法律意识要比攻击欲望强的人们。真正铁下心想入侵其系统的犯罪分子和外国政府其实不会在乎这样的威胁,而那些在乎公众安全的信息专家则会因为这样的事件而产生畏惧心理。

· · · · ·

在这个章节的最后,读者可以回顾一下,我们目前为止都了解了关于密码的什么呢?第一,在漫长的人类文明中军队一直就是密码的核心用户。守护那些具有杀伤力的科技机密,一直是密码的重要作用之一。从秘密最古老的定义来看,它们可以被分为未知存在的机密(arcana)以及已知存在秘密(secretum)。一般情况下,密码属于第二种——已知存在秘密,它们守护的可以是空间、知识,或者实施某种行动的授权,这都取决于不同的语境。密码与加密学息息相关,他们本身就可以帮助维护加密学领域知识的安全性。二十世纪以电子机械技术发明为基础的机器大幅提高了破解密码的复杂程度,以至于只有更精密的密码机才能对战密码机。不过一般来说,像恩尼格玛密码机这样的密码机器,以及其他的密码系统,想要轻易地破解几乎是不可能的。破解密码带来的直接影响是形成更强大的密码系统的需求,这就是创造性破坏理论(Creative destruction)中的破与立的辩证关系。最后,我们谈到了现代社会中,军事机构的存在离不开政府以及社会公众的合理性认可。将其密码系统公开接受这种破与立的挑战,无疑会降低军事机构本身的公信力。与此同时,若完全封闭这种信息渠道,那么他们的密码系统就得不到这样"善意攻击"所带来的巩固,也就是说,弱化本身的安全机制。

尽管我在这一章用很大的篇幅谈到了军方

的密码使用,但这并不是说军事机构是密码的唯一使用者,他们也不是推动密码科技发展的唯一动力。我们在第三章会回到数字密码,读者会发现民间的密码使用在密码发展中也起到了不可小觑的作用。不过,在那之前,我们先来看看密码在文学和宗教中的体现,看看密码是如何在漫长的时间里慢慢渗透入我们的意识形态中的。

2

特殊的特征：密码在文学与宗教中的体现

纵观英国文学史上最重要的作品之一——莎士比亚（Shakespeare）的《哈姆雷特》，不难发现其中涉及密码的文化影响，就比如整部剧本开篇前三行就是一个典型的身份验证桥段。当大幕掀起，守夜的护卫勃纳多（Barnardo）与弗朗西斯科（Francisco）在黑暗中相遇。勃纳多发问："来者何人？"而弗朗西斯科（Francisco）反问道："不，你先回答我；站住，告诉我你是什么人。"弗朗西斯科在这里通过坚定的拒绝强调了他的权威，他说不，我不会告诉你我的身份，但是你要告诉我你的身份的时候其实暴露了交互身份认证带来的矛盾，以及向非授权者透露密码的可能性。而一旦勃纳多成功地（虽然他说出的"国王万岁！"作为暗语十分没有技术含量）通过了身份验证的时候，他们的对话才得以继续，虽然整个过程带有一些歪打正着的性质，但二人总归互相认出对方是谁，莎翁也就巧妙地绕过了弗朗西斯科应该如何验证自己的身份这个棘手的难题。

其实，这部剧关于密码的桥段也没有达到令人吃惊的程度。就拿勃纳多与弗朗西斯科之间"交换密码"这一情节来看，从某种程度来看，这不过反映了那个年代军队中再常见不过的一个场景罢了。毕竟，莎士比亚将这部悲剧的历史背景设定在丹麦皇家宫廷的埃尔西诺城堡。所以我们今天看到的这些桥段也就是当时军事"密码"使用的精确描述：戏剧是对于现实的模仿。莎士比亚了解观众脑海中密码的军事使用是怎样的,他利用这一点以此提升整部剧时代背景的说服力,重塑了历史的真实感。而且密码在剧中的出场不仅限于此,弗朗西斯科的发问中体现的身份与验证问题,其实正是整部《哈姆雷特》主题的核心。具体地讲,在弗朗西斯科发问的瞬间,我们能明显地看出密码口令从未知存在秘密向已知存在秘密的转换;也就是说他公然宣布了"验证系统"中有一个密码机关(暗语)存在。更重要的是,从整体来看身份的混淆是《哈姆雷特》剧情发展的核心动机。哈姆雷特错将波隆尼尔(Polonius)认成克劳地(Claudius),导致愤怒的王子误杀了心爱女子的父亲波隆尼尔。波隆尼尔也是一个关键人物,他算得上是所有人物中的王牌间谍(Spymaster),因为其工作职责很大一部分由掩盖真相和颠倒黑白组成。就像他平时最擅长做的事情一样,在第三幕第二场波隆尼尔还没有被杀死的时候,他曾与哈姆雷特促膝长谈,聊天的时候他开玩笑地提到了云的形状多变,有的时候像骆驼,有的时候像鼬,甚至还有像鲸鱼的云彩——我们其实可以将他口中形状多变的云看作是一个代表身份混淆的比喻。不,我可以肯定地告诉你《哈姆雷特》开场的"暗语密码"桥段并不是只为提升历史背景的真实感而加上去的;它是整部剧情的关键。它不光是最先上场的,更是舞台的核心。

关于《哈姆雷特》的文学评论分析数不胜数,在此,我不想赘述,也无意为其他评论家背书。这是一片徒有虚名毫无实利的领域。[1] 事实正如此,尽管我们用《哈姆雷特》作为第一个例子进入密码的文学世界,密码也在整部剧主题上起到了核心作用,但说到底,军事口令

---

[1] 作者在这里引用《哈姆雷特》第四幕第四场中队长的话。

是最密码最传统的形式了。而接下来我会提到一些其他文学作品中出现的非传统形式的密码，希望能够引起读者的兴趣。因为只有充满幻想的虚构作品中才可能出现这样的密码。这些非传统形式的密码是魔幻文学世界所独有的。

密码，神话与魔法

在英美文化中，《阿拉丁与神灯》《阿里巴巴与四十大盗》以及《航海家辛巴达》可以说是《一千零一夜》（又名《天方夜谭》）中最为著名的几个故事了。但是从帝国主义殖民政策产生的文化影响来看，这句话听起来像是一个诅咒，因为这些中东地区的民间故事其实是由法国东方学家安托万·加朗[1]（Antoine Galland）

---

[1] 安托万·加朗（法语：Antoine Galland，1646年4月4日—1715年2月17日）是一位法国东方学家、翻译家与考古学家，是第一位将阿拉伯文学作品《一千零一夜》翻译成欧洲语言的人。对欧洲的文学发展，以及欧洲人对伊斯兰世界的观感有相当大的影响。

后加进《一千零一夜》的。其中,特别是《阿里巴巴与四十大盗》——这个故事我在后文还会细谈——是信仰基督教马龙派[1]的学者犹合那·狄亚卜[2](Youhenna Diab)口述给加朗的,随后受到故事感染的加朗决定将其加进《一千零一夜》中。那么基于这个认识,就不难理解为什么与其说《阿里巴巴与四十大盗》中关于密码的推论来自公元一世纪的阿拉伯,不如说它们身上十八世纪帝国主义的法国色彩更加

---

[1] 马龙尼礼教会(阿拉伯语:الكنيسة الأنطاكية السريانية المارونية;拉丁语:Ecclesia Maronitarum,通称马龙派,是罗马天主教会的一部分,为安提约基亚(安提阿或西叙利亚)礼拜仪式传统的一个分支,是东仪天主教会的23个成员之一。该教会是完全与罗马教宗共融的。而它是直属罗马教廷。现任马龙尼礼安提阿宗主教为贝沙拉·布特罗斯·拉伊枢机。

[2] 阿拉丁的故事是法国翻译家安托万·加朗编入《一千零一夜》一书的。有一名来自叙利亚阿勒颇的阿拉伯说书者说了阿拉丁的故事,加朗在聆听之后加以吸收润色。加朗的日记(1709年3月25日)记录他遇见了名叫犹合那·狄亚卜(Hanna,汉那)的马龙派信徒,由知名法国旅行家保罗·卢卡斯从阿勒颇介绍至巴黎。加朗的日记还说,他的"阿拉丁"译本在1709—1710期间完成,编排于《一千零一夜》第九和第十册,并于1710年出版。

浓烈。

不过让我们先暂且撇开这一点不谈，《阿里巴巴与四十大盗的故事》的确是人类早期文学对于密码的描述的典型代表。"芝麻开门"（open sesame）这句话，对于以英语为母语的人来说，几乎无人不知、无人不晓，尽管人们也许说不出这句话具体出自哪里，但大多数人都理解它的意思。这个故事的情节很常见，大概就是：阿里巴巴不小心听到一伙强盗们私下交谈，得知了他们的一个暗语，这个暗语类似于密码，可以打开强盗们藏宝老巢的机关。于是阿里巴巴就利用暗语进入了藏宝的巢穴，他出于谨慎仅仅偷走了一袋金币。阿里巴巴的哥哥卡西姆贪婪成性，在无意间得知弟弟的"意外之财"以后，决定自己也要趁机大捞一笔。然而，哥哥却不幸被困在藏宝老巢里面没能及时逃出，最终被归来的强盗们残忍地杀害了。

当阿里巴巴为了葬礼去寻找兄长的尸体的时候，不慎被强盗们发现了，于是他们便试图跟着我们的主人公逃跑时留下的踪迹抓捕他。多亏了他机智勇敢的女仆马尔吉娜（Morgiana）的帮助，阿里巴巴才化险为夷，消灭了盗贼团伙，最终成为藏宝洞唯一的主人。

阿里巴巴的故事开头十分简单，一例密码的经典代表形式。盗贼们到了指定地点，说出一些"奇怪的词语"，也就是能够证明他们身份的暗语口令。当盗贼们离开以后，阿里巴巴就能够明确判断"密码系统"的存在。这个时候此密码系统就已经是已知存在秘密而不是未知存在秘密（arcana），并且发现在能够正确说出暗语的情况下他也有可能"欺骗"密码识别系统，进入藏宝洞穴。盗贼们在发现系统存在漏洞，并被他人侵入的时候，试图通过除掉这个本不应该得知密码的人，以此来增强"系统"的安全性,并将被除掉之人的尸体示众,希望以此杀鸡儆猴(这可以被视为一种极端的以破为立)。故事中的密码,相比军事密码与现实世界中被使用的密码的不同之处在于,它们是具有魔力的咒语,并且能让一个本身不存在的入口现形。在这种情况下,守护着这个入口不是一个人或一台机器,而是一股超自然的力量。

当然了,魔法不受物理规则以及现实的限制。不过,这些魔幻文学作品为了让一个虚构的世界更具说服力、更引人入胜,通常也是利用与非魔法世界的类比,只有这样生活在现实世界中的读者才能找到感同身受之处。举个例子,巫婆所骑的扫把从1489年开始就在文学作品中反复出现。这个比喻将魔力注入一个妇孺皆知的日用物品(一个扫把)中,把它变成了一种交通工具。同理,我们从对于魔幻世界

图二　乌利齐·莫利托（Ulrich Molitor）的《关于魔鬼和巫女》（*Von den Unholden und Hexan*，约作于 1489 年）中的骑着魔力扫把的混血怪兽。图片不受版权限制（属于公有领域）。

特殊的特征：密码在文学与宗教中的体现

中的怪兽们的描述中，也不难发现大自然中真实存在的某种动物的影子：举个最简单的例子，半人马（centaurs）是人与马的结合。为什么说这样的类比手法是必不可少的呢？因为人类的想象力尽管十分丰富，但它难免也有着自己的局限性。人们试图用形而上的方式来想象未来，但这样的未来仍与当下的现实有着千丝万缕的联系。就比如在二十世纪的大幕刚刚拉起的时候，汽车刚刚被发明时，它们在西方世界被称为"没有马的马车"（horseless carriages）。这种将新事物与当下现实联系在一起的需求在文学的世界里也是一样，即使一位小说家以创作一个陌生的新世界为宗旨，真正的优秀作者从不将读者无法通过类比来想象的事物（不管他写的是未来主义还是魔幻主义）引入自己的作品。

这就解释了为什么《阿里巴巴》中所描绘

的密码似乎介于我们现在熟悉的密码和一种前所未见的密码形式之间。其实在这里我们所看到的是一个设有第二渠道的密码;盗贼们预先知道暗语是什么,所以他们能够进入藏宝洞穴。不过,不同之处在于这里的第二渠道是具有魔力的,是预设的,同时也是不可能被发现的以及破解的。而且我们并不知道这股超自然力量从何而来,这伙盗贼又是怎么得知这个暗语的。

有趣的是,《阿里巴巴》以一个我们尚未涉及的全新角度带着我们看到了密码,或者概括地来说信息。从根本上来看,《阿里巴巴与四十大盗》这个故事能够成立,是因为信息本身是具有可传播性的。在故事的结尾,所有的盗贼都被消灭了,然而那句暗语,也就是密码仍安然无恙地存在着,并发挥着它的功效。这样的情况其实就涉及我们所说的"非竞争性物品"

(non-rivalrous object),这也是为什么"知识产权"(intellectual property)一直以来都是充满争议的一个词汇。非竞争性物品是指一个人在消费一种物品的时候不会影响其他人对于这种物品的效益。非竞争性物品的定义与传统上的实物的概念正相反。如果你拿走我的键盘,我就失去了它;键盘作为一个物品的所有权是可以被争夺的,因为它仅仅存在于一个物理空间中。

然而信息以及数字产品则非如此。很多人可以同时拥有"同一个"理念,而且这不意味着第一个想出这个理念的人就失去它了。在《一千零一夜》的另一个故事《阿拉丁与神灯》中当主人公阿拉丁(Aladdin)发现了摩擦神灯就能召唤其中的精灵这个我们所谓"通行行为"(pass-action)的背后是同一个道理。很显然,他不是第一个也不会是最后一个摩擦神灯的人,故事中很多人物都可能同时知道这个秘密，而这并不意味着其他人就一定要被迫放弃这个秘密。不过很显然在这种情况下，一个人要想利用神灯的魔力，他还必须拥有神灯：这就是实物与信息的结合。有趣的是，版权和知识产权的概念是为了人工重塑和限制非竞争性物品而被"量身"发明出来的词汇，为的就是可以在以有限物质和资金为基础的竞争性的市场中取得先机。换句话说，我们用法律刻意地将非竞争性物品竞争性化，以让它们适应我们现有的金融系统（一个竞争性十足的系统——简单地说在这个系统下，你是不能同时花我的钱的，否则整个系统都是无效的）。在数字时代的世界里，完美的、即时的模仿是可能的，很多本身具有竞争性的物品也因此成为非竞争性物品：比如说音乐、文本以及图像。

另一个童话故事/魔法密码的例子更能说明这个问题。在《名字古怪的小矮人儿》(*Rumpelstiltskin*)[1]这个故事中,一个古灵精怪的小矮人帮助走投无路的小女孩实现了她父亲的夸口——把麦秸变成了金子。在故事中小矮人多次帮助了小女孩,并最终要求女孩把她生下的第一个孩子送给他作为这一切的代价。后来,女孩对她向小矮人许下的这个承诺后悔不迭。小矮人最终同意,如果女孩能成功地猜出它的名字,那么就能够抵消自己欠下的这笔债。这是因为小矮人知道想要猜出自己那复杂至极的名字几乎是不可能的,因为它叫"龙佩尔施迪尔钦"(Rumpelstiltskin)。不过,女孩无意间碰到在树林中对着自己唱歌的小矮人,并偷偷地听到了它唱出了自己的名字。第二天,成功地将矮人的名字告诉了它,并得以

---

[1] 《名字古怪的小矮人儿》,又译《侏儒妖》,是格林兄弟收集的一则童话,由格林兄弟最先收录于1812年的首版《儿童与家庭故事集》之中,其后又历经数次修订,于1857年出版最终版本的第55则故事。

留下了自己的儿子。

根据阿尔奈-汤普森童话分类法[1]（Aarne-Thompson classification system）《名字古怪的小矮人儿》的故事属于"帮手的名字"这一类童话。其实，在这类的故事模式中，某个个体的名字是整个情节的关键，这其实在很多文化中都普遍存在，除此以外它还揭示了密码的两面性，这跟我们接下来要谈到的话题有着很大的关系。首先，在这个故事中存在着一个矛盾，也就是词汇的力量可以直接与身份联系在一起。对于一个人来说，没有比姓名更加私人的

---

[1] 阿尔奈-汤普森分类法（英语：Aarne-Thompson classification system），简称 AT 分类法，是一套童话分类的方法。这套分类法先是由芬兰民俗学者安蒂·阿尔奈在芬兰学者尤利乌斯·克龙和卡尔勒·克龙的"历史-地理法"（historic-geographic method）基础上发展而来，后又被美国民俗学者斯蒂思·汤普森加以改进，故以两人之名命名。2004 年，德裔学者乌特（Hans-Jörg Uther）在旧版 AT 分类法的基础之上，做了进一步的整理，并发表了《国际民间故事类型》，因此学术界部分人士进一步将此新版分类法称为 ATU 分类法。

词汇了。把这个词汇作为秘密保守——就像我们在当代流行文化中能够看到的那样,就比如《神秘博士》(*Doctor Who*)中——是身份连着关于信息(密码)的秘密系统。其次,就像我一直强调的,一个姓名即密码的系统,代表着密码在这个由人类编写的童话故事中属于完全的非竞争性信息。一个名字的存在意义不就是让人能够证明自己的身份么?把一个名字当作密码来使用,并将它作为秘密保守,就意味着将一个本应该被传播的信息,一个本应被"抄袭"被他人拥有的词汇可以掩藏,即使姓名被他人知道原主人也不会因此失去什么——这完全是人为限制。

这就显示了一个有趣的密码核心矛盾,即密码本身就是一个识别系统在名义上是建立在非竞争性物品的基础上的竞争性交换。这句话乍一听可能信息量过大,让我试一试用另一个方式来解释。当我们设计验证系统的时候——我们设计的目的是证明某人的身份——所以我们需要这些系统是具有排外性的。这些系统能够以预先共享的信息为基础来辨识一个人或事,一组人是否拥有该信息是由它们本身的固有性质决定的。想让这个系统正常运作,共享信息对这个特定的个体或者小组来说必须是独一无二的;也就是说它必须是排外而且具有竞争性的。但我们在传统意义上使用的很多系统,都是以信息为基础的,这里我说的信息是自然的、非竞争性的信息。也就是说更多的人了解它,并不会让信息原始的拥有者失去信息本身,尽管信息的力量或者其资本可能会受到它的及时可得性影响而贬值。一个秘密的价值等同于守秘者的谨慎程度。不过,这个出于经济上的需要而限制人物信息自由的矛盾,就像阿里巴巴的故事中所描述的那样,始终困扰着密码的存在。

哈利波特与双因素授权机制

但是魔法总有办法，事实也确实如此。如果你在寻找文学作品中可以代表各式各样的系统的不同神奇密码的话，不如翻看一下J·K·罗琳（J. K. Rowling）的《哈利波特系列》。奇幻文学中一直用各种各样的方式描写密码。比如J·R·R·托尔金（J. R. R. Tolkien）[1]的《指环王》中都灵之门著名的谜语挑战——"说吧朋友，然后进来。"（Speak friend and enter）——这句谜语的正解是托尔金的精灵语中的"朋友"（friend）一词"Sindarin"。然而当今很少有作品像《哈利波特》那样将大量的篇幅留给

---

[1] 约翰·罗纳德·瑞尔·托尔金（John Ronald Reuel Tolkien，1892年1月3日—1973年9月2日），英国作家、诗人、语言学家及大学教授，以创作经典严肃奇幻作品《霍比特人》《魔戒》与《精灵宝钻》而闻名于世。

了各种密码口令,不管是魔法咒语,还是学生的公共休息室的密码口令、能开启密室的蛇佬腔[1](parseltongue)、血的密码。我相信肯定会有一些读者对于拿孩子读的奇幻小说中的情节来谈论严肃社科问题持有保留意见。不过从另一方面来看,不要忘了 2015 年 J·K·罗琳的《哈利波特系列》可是有史以来最畅销的小说,更别提由其改编的电影赢得了多么火热的反响了。如果一个人不能从一个如此广泛流行的文学作品中提取一二结论,那么我们还能把什么来当成论据呢。

考虑到那些对于《哈利波特》不太熟悉的读者,用一句话来总结故事的开端:大概就是

---

[1] 蛇佬腔(Parseltongue),Parselmouth 指蛇类(包括其他的蛇形生物,如尼纹蛇)所使用的语言,以及能够与蛇类进行交流的人。这是一种非常罕见的能力,并且通常是遗传性的。几乎所有的蛇佬腔都是萨拉查·斯莱特林的后裔,而哈利·波特则是个明显的例外。

一个本来再普通不过的孤儿发现了他有魔法能力。在霍格沃茨魔法学校学习魔法几年以后,整个故事在他与关键人物黑魔法师伏地魔的几次对决中也变得黑暗起来。整个系列一共七本书,在1997到2007这十年间被出版,被改编成八部电影,从2001到2011年。说它是二十一世纪出版界的大成功毫不夸张。

尽管从表面上看并没有那么明显,密码对于整个哈利波特的故事来说是一个必不可少的元素。事实上,从第一本书《哈利·波特与魔法石》的前十几页来看,读者就被带入了三个空间上的安全保护系统:破釜酒吧(The Leaky Cauldron),对角巷(Diagon Alley)的入口,以及国王十字车站(King's Cross Station)9¾站台的入口。从某种程度上来讲,要想进入上述列举的每一个地点,你都需要一个特定的预先共享信息。举个例子来说,破釜酒吧,一个公共的小酒馆，基本上麻瓜们都不会注意到它的存在，只有巫师们才了解它的存在。对角巷的入口，巫师们的商店街，巫师需要以正确的顺序敲击墙砖才能打开守护着它的墙。这两处用到的密码都算是未知存在密码；因为大多数人（麻瓜）并不知道这两个秘密的存在。不过最终，9¾站台的入口是最有意思的。在故事的这一部分，哈利接到鲁伯海格（Rubeus Hagrid）的指示从此站台出发乘坐霍格沃茨特快列车。不过鲁伯海格忘记将如何进入秘密站台所需的具体信息告诉哈利，所以我们的主人公在这里不得不进行所谓的"旁路攻击"[1]（又称"边信道攻击"）。当然了，前提是哈利并

---

[1] 边信道攻击（side channel attack，简称 SCA），针对加密电子设备在运行过程中的时间消耗、功率消耗或电磁辐射之类的侧信道信息泄露而对加密设备进行攻击的方法被称为边信道攻击。这类新型攻击的有效性远高于密码分析的数学方法，因此给密码设备带来了严重的威胁。

不是没有资格进入站台（也就是说我们的主人公并不是恶意入侵者），他只不过是尚未得到授权，所以他决定采用一般想要攻击某个密码安防系统的人才会采取的手段：开始在站台附近徘徊，悄悄聆听他人的对话直到他弄明白这个系统的运作模式为止。这样一来，哈利就能达到自己的目的了。

在《哈利波特系列》中还有一些其他十分常见的空间-授权-控制的情节。有一些甚至极为单纯，只需要暗语口令就能进入特定的空间地点，其中最明显的例子就是邓布利多（Dumbledore）的办公室，级长盥洗室（prefects'bathroom）。不过，J·K·罗琳（J. K. Rowling）笔下的世界有另外两个方面，体现了魔法世界中的密码口令倾向于规避现实世界中传统意义上的密码系统的缺陷。在《哈利波特》中就是这样，往往仅仅知道密码的内容是不够的,因为除此以外,你是谁也十分重要。

这其中代表密码倾向于身份而非简单的信息的第一个事例就来自于《哈利波特》系列的第二本中密室的入口。在这本小说中——种族偏见比喻纵贯整个故事,颇有深意——在被放进霍格沃茨学院的蛇怪开始攻击"非纯血的"学生的时候,也就是霍格沃茨的创始人之一的斯莱特林狭隘的种族主义留下的后遗症。最开始谁都不知道这个怪物到底栖身于何处,但是据后来推断,它最有可能来自于斯莱特林修建在学校地下的密室。最终哈利波特找到了密室,直接说出了口令"开门",就进入了密室。

不过,这一切并不像我说的那么简单。要想进入密室,你必须用传说中神秘的蛇之语言——蛇佬腔(parseltongue)说出"开门"。在《哈利波特系列》的所有书中,包括周边书籍《神奇动物在哪里》(*Fantastic Beasts and Where to Find them*)，罗琳紧紧提到了七个能够说蛇佬腔（parseltongue）的人。换句话说，蛇佬腔作为一种语言本身就起到了严格地限制作用，控制着有权进入密室的人数，其实与其说能够进入密室与否取决于你都知道什么，不如说它取决于你是谁。因为根据罗琳的说法，蛇佬腔并不是一门普通的语言。在2007年于卡耐基音乐厅（Carnegie Hall）接受采访时，罗琳明确表示："我并没有将它（蛇佬腔）视为一门你能够通过学习来掌握的语言。"它不像是任何一门地球上存在的有意义的语言，因为对大多数人来说，每个人都能够在自己人生的某一个阶段学会这门语言。而罗琳笔下的神秘语言不同于此。在她的宇宙中，蛇佬腔是特定人群与生俱来的能力，是"预写"在一个人的遗传（或者说巫师）基因结构中的。哈利波特之所以拥有这个罕见的能力，是因为他作为伏地魔（Lord Voldemort）的魂器之一与其微妙的联系。是的，罗恩·韦斯莱（Ron Weasley）在故事的某一处成功地模仿了蛇佬腔的某一个音节，成功地打开了密室，这是外话。无论如何，蛇佬腔背后代表的不是你都知道什么，而是你是谁——这同时也是我们如何看待密码的一个重要转变。

在文学虚构的世界中，作家可以借魔法之便在密码的"乌托邦"中随意移动，在这里我所说的"乌托邦"指的是不需要依赖任何身份信息作为媒介的系统，却可以直接地认证挑战者的身份。这就是密码存在的童话式的完美状态：它们不再需要媒介的存在了，而能够直接代表着特定的人格。让我们再回到哈利波特中找一找能代表这种乌托邦式渴望的例子，我们可以从整个系列最根本的元素：魔法中去一探究竟。想要在哈利波特的世界中施魔法的话，你必须知道咒语是什么，就像一般文学作品中描写的魔法一样。想要施展一种魔法，你必须要事先了解某个秘密，或者说某预先共享的信息，也就是咒语：就像"昏昏倒地"（stupify）。不过在这里，一个人仅仅知道咒语是远远不够的。就像在密室故事中所提到的那样，你还要拥有特定的身份：巫师或巫女。迄今为止，这都没有什么新鲜的。不过，在罗琳的宇宙中，守护着魔力的拥有权的还有一个关卡：那就是魔杖。

表面上来看，魔杖在《哈利波特系列》中是施展魔术所需的至关重要的工具。罗琳告诉我们，因为魔杖中包含各种神奇的魔法物质（比如说"龙的神经"），这些物质影响着巫师对于魔法的施展与诠释。当然了，有的时候，魔杖也发挥了身份识别的作用。在整个小说的结尾的一次审判中，某人物被指控偷窃某女巫货真价实的魔杖，并假扮该女巫。同理，推动着最后一部书的情节发展的核心问题之一就集中在：老魔杖是否能够识别自己真正的主人并只服侍她/他一个人。另外，魔杖似乎还能够放大巫师本身固有的魔力。不过，我个人认为这本质上是一种多重要素验证（Multi-factor authentication）机制，一种利用多种手段共同增强身份识别安全性的方式。

至于多重要素验证机制，我们在后文中还会更加深入的探讨。在这一节的最后，我想谈一谈我从《哈利波特》得到的一些个人观察，魔法与密码之间是如何以复杂的方式紧密地联系在一起的？为什么罗琳一定要给她的魔法师们一个特定的物件来施展他们的魔法能力的，难道他们不是生来就拥有魔法的魔法师吗？客观地来说，罗琳并不需要这样做。但是，通过在她的虚拟世界中复制我们现在所使用的密码机制漏洞以及弥补措施,她明确地表达了自己整套书的中心伦理思想:无论是通过身份、种族,甚至是内在特征,想要定义一个人,都始终是一件复杂而困难的事情。身份的界定是模糊而多变的,在哈利波特的种族主义世界中,那些家族不如他人显贵的孩子就会受到歧视,罗琳似乎想说,如果我们始终拒绝承认这一点的话,这个世界是不可能有根本上的改变的。那么,她是用什么样的方式来将这个身份/信息分离的机制复杂化的呢?答案不外乎密码。

道

《哈利波特》中最强有力、最典型的理想密码就是施展魔法这个行为的本身。然而从更广泛的角度来看,其实有许多文学作品、宗教信仰,和其他文化产物都能把魔法的实践与咒语联系在一起。从某种程度上来讲，我们在本章的最后这一节将会一同探索的是，身份与获取实践、认识方面能力之间的直接关系。

举一个人尽皆知的例子，在《圣经》的《约翰福音》(*Gospel of John*)中，这卷书的第一句是"太初有道，道与神同在，道就是神。"[1] 尽管"道"(the Word)显然指的是耶稣(即"神之道"【Word of God】的化身)，许多圣经学者认为"道"(the Word)指的是西方形而上学的逻各斯中心主义[2]的"道"，在这种世

---

1 太初有道，道与神同在，道就是神。In the beginning was the Word, and the Word was with God, and the Word was God 出自《约翰福音》第一章，第一节。
2 逻各斯中心主义（logocentrism，亦称逻辑中心主义）是20世纪20年代由德国哲学家路德维希·克拉格斯（Ludwig Klages）提出的哲学概念。逻各斯中心主义指的是把词汇和语言看作是对外部现实的根本表达的西方科学和哲学传统。它认为逻各斯（logos）在认识论上具有优越性，逻各斯所代表的是一个原初的、不可化约的对象。因此逻各斯中心主义主张，世界中的存在必然以逻各斯为中介。逻各斯正是柏拉图式的"理念"的观念化再现。

界观的指导下,"道"作为词汇和语言是我们理解现实世界的方式,也是现实世界的根本表达,而且"道"具有认识论上的优越性。《约翰福音》的首句之所以如此重要,是因为它直接呼应了《旧约》中《创世记》第一章的前三句:"起初神创造天地。地是空虚混沌。渊面黑暗。神的灵运行在水面上。神说,要有光,就有了光。"在这样的模式下,上帝既是道,又用道创造了这个世界。道先于这个世界存在,用光和物质填充了无形的空虚。根据传统,神之道等同于神本身,因此他能够创造整个宇宙。这应该是直接被同身份联系在一起的最强有力,也是最神秘的用言语表达出来的信息了,这大概是能打败所有密码的密码了。不过这也给后来的密码开了一个不太好的先例:世界上第一个密码是这个世界的生日。

其他古老的文化中,也有着许多不同种类

的被与力量联系在一起的超自然密码。在这些文化背景下,破译(或者说破解)神迹和密码可以带来力量与知识。确实是这样,在古代美索不达米亚地区使用的阿卡德语[1],代表"征兆"的词和代表"密码"的是同一个词。因为"神迹"与"密码"这两个系统同时以预先共享的信息为前提。这样的一词两义曾经在阿卡德语中引起了有趣的理解重合。若想要了解上帝的意图,一个凡人必须能读懂神迹;所以此人必须要学习这些特殊的符号系统——一种第二渠道的训练。很显然,能够接触到神的思维世界,就能被赐予力量。

下面让我们再来看一看古埃及的《死者之书》中的例子。杰拉尔丁·宾奇(Geraldine

---

[1] 阿卡德语(英语:Akkadian),是古代美索不达米亚地区使用的一种亚非语系闪族语言。作为已知最早的闪族语言,阿卡德语使用源于古苏美尔语的楔形文字书写。该语言得名于两河文明名城阿卡德。

Pinch)曾经这么描述过古埃及的象形文字,"其图像的力量与文字的力量之间是密不可分的。"这样的力量我们不难在《死者之书》的铭文中找到。《死者之书》作为古埃及墓葬文书,目的是协助死者通过死亡之地杜亚特前往来世。换句话说,《死者之书》就是提前为死者准备的一系列咒语,若我们把这些具有神秘力量的咒语看成预先共享的信息的话,它们的作用就是给予死者进入极乐世界的授权。当然了,这些咒语只有在他/她驾鹤归西之后才能生效。而且,只有特定社会阶级和财富的人才有权享受这样的葬礼。尽管如此,这又是一个"魔法"将身份与预先共享信息在现实世界(而不仅仅是形而上的维度)中前所未有地紧密结合在一起的例子。

在现实世界中,这是密码的一个致命弱点:从根本上来讲,它们不能直接证实一个人是谁,只能证明被验证者知道什么。在带有魔幻色彩的文学作品中,比如《一千零一夜》和《哈利波特系列》,作者能够创造一个不同的现实,在这些现实中,密码的这些致命的弱点是可以被克服的。在《阿里巴巴与四十大盗》的故事中不存在原创的第二渠道,那么其中的密码也就免受第二渠道攻击;也就是说,其中的密码[1]似乎一直存在着。与此同时,故事的情节揭露了现实世界的密码的另一个弱点,也就是它们可以被他人截获。与此相反的是,《哈利波特系列》中所刻画的各种密码以传统的形式存在,同时罗琳在此基础上又加入了更乌托邦式的、更理想的密码机制——魔法,这些所谓的密码不再依赖于被验证者所掌握的信息,而仅仅与其身份有直接联系。最后,还有《名

---

[1] 这里的"密码"指的是能打开藏宝洞穴的暗语"芝麻开门"。

字古怪的小矮人儿》这样的童话故事,它向我们直接揭示了这样的矛盾。当你把名字直接作为密码时,语词与身份之间的距离所带来的内在缺陷就显现出来了。文学、文化以及宗教之所以利用各种魔法以及超自然力量,来抵消密码的缺陷,从反面证明了在我们的现实世界中,这些缺陷的客观存在。

3

P455W0RD5（密码）与数字时代

数字科技影响着当代世界的方方面面。其中时间与空间界限的颠覆是科技带来的改变中最为显著，也广受好评的一点。在二十一世纪，将一条信息传送到地球的另一端不再需要花上几个星期的时间。尽管，对于昂贵的国际航班的降价需求仍然存在，这也从侧面反映了网络再方便，人们还是更喜欢面对面的交谈。但是数字时代所改变的不仅仅是空间上的距离，它还影响着我们的语言：我们越来越喜欢用空间比喻的词汇来描述非物理空间的实体了。举个例子，我们"浏览"（visit）超文本网站（hypertext websites）。网上的讨论平台被称为"聊天室"（chat-rooms）。确实如此，大量的空间比喻被用来指代虚拟化的数字世界的"环境"（environments），"论坛"（forums），"空间"（spaces），"地点"（places），"站点"（sites），"房间"（rooms），"主页"[1]（home pages）。然而，即使这些数字现象被视为虚拟地点，它们本身其实还是以文本和读取为基础的信息空间；它们是"网页"（pages），"E"或"脸书"（Facebook）以及传媒手段。不过最终，数字空间中也少不了人为的行动：我们"网上冲浪"（surf），"滚屏浏览"（scroll），"进入"（enter），"登录"（log）等等。简而言之，我们在语言上定义数字科技（尤其是互联网）的方式，与我们现实生活中被各种密码守

---

[1] 从中文看可能不太明显，本词英文"home page"更能体现作者的观点。

护着的三大领域是息息相关的：空间、信息以及行动。那么，随着数字技术的发展，我们可以看到密码作为身份确认功能和包容与排斥筛选功能的再使用。

2016年起，输入密码成为一种强制性的要求，这也是现代电脑系统所使用的第一种针对每一名用户的强制性措施。在我们的生活越来越数字化的今天，为了保障个人隐私和财产安全，对于特定网络资源的访问限制的需求也在增长。艾伦·刘（Alan Liu）所提到的"当代人对于安全性过分的渴求"其实对应的是信息时代中，人们对于联系性的渴望，这种需求有时是不受限制的，有时却是受到压制的。在我们之间的联系性增强的同时，我们的信息系统也无可避免地变得更加便于访问，不管访问者是否拥有"官方授予的"访问资格。事实是，信息连通性（也就是访问的可能性）的增长必然带来系统安全性（也就是访问限制）的相应下降。最安全的措施不外乎把你的电脑用的网断开。开机时"输入密码"的页面其实早已成为我们内心小剧场的一种舞台装置，说白了也就是为抚慰我们渴求保持与世界的联络又渴望与其对立的安全性玻璃心发明的一种自欺欺人的手段。在一个大众互联性的世界中，若把我们对于信息安全的渴求比作一种信仰的话，"输入密码"就是这种信仰的核心标志。不过，艾伦·刘认为这是一套关于"安全的形而上理论"，对于他/她来说，密码是我们"对于超凡的安全性的颂歌"。

即便如此，密码界的数学和计算机科学前景直到二十世纪的后半期才被引入我们的视野，但它们确确实实地改变了原本共享秘密的概念。在我们的时代，安全保护系统采取的机制越来越公开化了，也就是说它们开始转向利用众所周知的程序或者算法,并且将运行的成果公之于众。当今,在验证问题的面前,被验证者必须输入能够被系统识别,且能够产生正确输出结果的信息,对于系统来说这就需要一个过程,用户掌握的并不是输出结果。这背后就依赖着一个单向的、不可逆转的算法程序,以及一个密码历史迄今为止前所未见的不对称性系统:只有一个人知道秘密是什么。在这样现代的大环境下,忒修斯用一根线作为武器对迷宫进行的所谓的"对称性攻击"可能就行不通了。因为"从原路返回入口"已经是不可能的了。我们已经处在一个单向的、不对称的时代了。

加密散列函数

想要解释数字科技的不对称性,看一看加密散列函数的原理就一目了然了。它作为一种单向加密函数是解决加密问题最简单方便的办法。在所有的密码系统中,想必读者还记得,秘密信息需要被提前曝光给有关方面。在一种特定的计算环境下,这就意味着某个遥远的系统终端必须储存着一个用户的密码,这样一来,在用户提供密码的时候,系统才能够确认被提供的密码是否正确。这就不像阿里巴巴的故事里芝麻开门的魔幻设定了,说白了就是你的密码是被确实地储存在某台电脑中的,所以每次你登录的时候,它才能够检查你的输入的密码是否正确。这和人与人之间的互动不同,被电脑所储存的信息更容易被他人截取。毕竟,如果这台电脑能读取信息,那么从理论上来讲,其他人也能通过访问这台电脑来做相同的事。这就意味着,如果系统中的密码是以简单文本的形式被储存的话,任何入侵系统的人都可能永久地获得所有被储存的密码信息,这样的情况估计没有人想要。就像《哈利波特》中的魔法师可以被读心者攻击一样,对于外部入侵来说电脑都是脆弱的。这时候加密散列函数以及其他防范措施就能派上用场了。

加密散列函数是一种单向函数[1],这种散列函数的输入数据,通常被称为消息(message),而它的输出结果,经常被称为摘要(digest)。换句话说,这就是一个可以将任何被输入的文本转换成其他文本的程序,而且输出结果可以以独特的方式代表输入文本的同时,与输入文本截然不同。如果用这个程序来多次推算同一个输入文本的话,那么它自然只会得出同一个输出结果。不过,想要从输出结果出发,推算输入文本,几乎是不可能的,这也就是为什么此算法被称为单向函数。举个例

---

[1] 单向函数之所以被加了单向两个字,是因为其极其难以由散列函数输出的结果,回推输入的数据是什么。

子吧,若使用 MD5 算法,输入"知物"(object lessons)的英文作为消息,那么系统则会输出摘要"1d67a7d36f9be2e642bd3bd3fc14071a",屡试不爽。很显然,输出结果与输入内容没有任何相似之处。这就说明,具体的算法是掩藏的。想必读者不难想象,如果一个人只了解摘要的内容"1d67a7d36f9be2e642bd3bd3fc14071a"想要反推回"知物"(object lessons)的难度有多大。那么,如果我现在给你一个摘要 495b3e607e3eaf05d987ac81ba6cd0d5,你永远也猜不出被它加密的尴尬信息是什么,至少我希望是这样。这是因为摘要其实不算是一种"被加密信息",它更像是指纹;一个指纹可以代表独一无二的手指,但却不等同于手指。其实,在这种算法中,摘要并不包含全部的输入文本;输入信息的一部分被刻意地忽略了,所以想要追本溯源是不可能的事情。

如果你把单项加密当作一种语言来看的话,你就会发现这种技术是一个既激进又独特的突破。就像蛇佬腔(Parseltongue)一样,加密散列函数可能是这个世界上被认为是最奇特的"翻译"系统了。你能想象出一门只能作为被翻译出的目标语言而存在的语言,却不能作为源语言被翻译么。若你将这门虚构语言作为目标语言,当你从英语出发翻译的时候,一切都十分清楚,而且被翻译出的文本形式毫无歧义。也就是说没有被评判的空间,只有百分之百的准确性。只不过想从这门语言翻回英语是不可能的。其原因不是我只能接近英语的近似语言,或者我们可能不确定应该使用哪些词汇,而是恢复对应的文本的可能性为零。这是一种人类历史中前所未有的翻译方式,他所产出的也是一种前无古人的目标语言,加密散列函数为我们提供了一种完美的类比演绎。换句话说，如果我们把这种单向程序与开篇所提到的神话中的迷宫进行对比，那么它更像是一个奇特的迷宫，在这个迷宫中你每走一步，身后的地面即刻灰飞烟灭。或者说像马克·Z·丹尼勒夫斯基（Mark Z.）的杰作《叶屋》（*House of leaves*）[2000][1]中描写的，他以不同的访问者的角度出发，这座私宅似乎在每个小说的不同人物口中都有所变化。有一条可以将你引入核心的路线，但你却再也无法从那里回到起点。

那么，既然电脑并不了解原始密码的内容，那么加密散列函数又是怎么运作的呢？而且这一点不是肯定会阻拦系统对于密码的验证么？所谓的奇特"目标语言"与"翻译"看起来都是无效的。不过事实并非如此。其实电脑

---

[1] 《叶屋》，一部恐怖虚构，爱情小说，讽刺，后现代主义小说，首次出版于 2000 年。

在用户每次输入密码的时候都会运行加密散列函数，将被输入文本转换成摘要，并将其与已储存摘要进行对比。就像我们前文已经提到的，这种算法在你输入内容相同的情况下不但每次输出结果都相同，而且运行速度极快。所以对于电脑来说，处理你所输入的文本并将其输出结果与所储存信息进行对比，检查内容是否符合简直手到擒来。这门奇特的"语言"对于沟通交流来说毫无用处。但想利用它来验证他人在另一个滞后的时间点是否和你掌握同样的信息却十分有效——对于所有的密码来说，这种时间的滞后性都存在。

这一切背后的理念是，即使一个入侵者掌握被加密后信息，他/她也无法推算出用户所输入的原文本是什么，也就是说该用户即使在不同的终端储存过相同的密码，他/她的信息安全仍然可以得到保证。讲了这么多，我要强调的是，其实也不是没有黑客试图破解过加密散列函数程序的先例。

最原始的攻击方式——尽管结果对于那时的入侵者来说不尽人意——可以被称为暴力破解法[1]（Brute-force attack）。简单来说就是将可能的密码进行逐个推算直到找出真正的密码为止。对于一个十位密码来说（包括空格、大小写、数字和特殊符号），就会有 60，510，648，114，517，025，000 种可能性。如果用一台 2016 年的中档个人电脑来运行这样的破解程序的话，它需要二十二万年，才能完成 MD5 算法的运算，并将每种结果与用户密码的摘要进行对比验证这个任务。这个长得可怕

---

[1] 暴力破解法，又称穷举法。穷举法的基本思想是根据题目的部分条件确定答案的大致范围，并在此范围内对所有可能的情况逐一验证，直到全部情况验证完毕。若某个情况验证符合题目的全部条件，则为本问题的一个解；若全部情况验证后都不符合题目的全部条件，则本题无解。穷举法也称为枚举法。

的时间段足以说明为什么尽量使用复杂的密码是一个明智之举。假设一个入侵者可以确定原始密码是一个可以在字典中找到的一般词汇，那么他/她便可以简单地检验对比字典的词汇运算结果，这样一来也就帮他/她节省了不少破解时间。

当然了，这其中也不排除另一种可能性，就是入侵者也可以选择预先在数据库中储存所有可能的密码运算结果，这也能加速暴力破解的过程（前提是对于电脑来说，搜寻的进程要比一一运行散列函数运算程序快得多。）若回到我们目标语言/翻译的类比，这就好比你在为这种独特的单项翻译程序创作一个特别的字典，只不过这个字典里的词条不是由简单的词汇组成，而是由最简单的每个字母出发，所有可能的排列组合方式。在这样的情况下，这个字典会变得庞大到难以想象的程度。

第二种攻击方式——这种方式的实施难度要更高,而且它的本身体现了密码散列函数作为一种算法的根本缺陷——碰撞攻击(Collision attack)。碰撞攻击在于尝试寻找两种可以产生相同摘要的不同的输入信息。那么在我们前文提到的虚构语言类比中,就好比英语中"猫"和"狗"两个词可以被翻译成相同的一个虚构语言词汇。在一个精心设计的加密散列函数程序中,这样的情况在理论上是不可能出现的。不过,在现实中,入侵者经常会发现多种不同的输入信息会产生同一种摘要结果的情况,这无疑会大大降低次算法的安全性。理论上来说,这就意味着,即使入侵者输入一个非原始密码的密码,他仍然能够成功登录你的账户。

可行性研究以及第一种加密散列函数首次出现在上世纪七十年代晚期,无论从哪个角度出发,这两种研究都为我们提供了一种看待共享秘密的全新的方式。随着战后电脑科学的发展以及随之而来的高等数学在加密学中的应用,加密散列函数在使用中的一个前提就是其第二渠道已经是预先暴露的。换句话说,光用预先共享的信息已经不足以欺骗一个以数学运算程序为基础的现代身份验证系统了,因为在这样的程序里,你所输入的信息不能从输出结果中推算出来。那么,我上文提到的令人尴尬的秘密信息,将永远是个秘密。

可怕的非对称

尽管加密散列函数在密码验证中的使用至关重要,它也是信息安全保障发展中的一个飞越,然而若将加密散列函数与公开密钥加密(public-key cryptography,又称非对称加密 asymmetric cryptography)比起来,就小巫见大巫了。在这种算法被发明以前,所有的加密系统从某种程度上来讲都是对称的。因为它以前的所有密码系统都需要各方事先共享特定秘密才能以此进行身份验证，并保证各方破译秘密信息。

尽管将加密系统视为对称的思维方式已经过时了，不过在流行文化领域，这样过时的陈腔滥调却仍然是主流。举个例子，在电影（一部相当糟糕的电影）《剑鱼行动》（*swordfish*）[2001][1] 中，由休·杰克曼（Hugh Jackman）

---

[1] 《剑鱼行动》剧情简介：斯坦利是一个退休多年的顶尖电脑黑客，在入侵了美国联邦调查局的电脑系统后，并将那系统搞得一塌糊涂，被誉为地球上最强大的黑客双雄之一，也因如此，斯坦利锒铛入狱两年，一踏进监牢，他美艳的妻子强制与他离婚，女儿的监护权也到了她的手上。只要斯坦利愿意重出江湖，一位叫希尔的极端爱国主义者会提供一笔巨款，可以用来打官司，争回爱女的监护权，还可以过着富有的生活，不再骨肉分离，重新父女团聚，赢回美好人生。因为爱女心切，天人交战之后，斯坦利终于答应了这优渥的条件。希尔为了测试斯坦利的能力，派人拿手枪抵住斯坦利的脑门，要求斯坦利在 1 分钟内侵入美国国防部数据库网站，与此同时，还让一个美女分散他的注意力，60 秒一到，斯坦利以为自己必死无疑，谁知希尔的枪并未装子弹，只是吓唬他罢了。但第 61 秒，斯坦利成功入侵了网站，希尔吓得瞠目结舌，让斯坦利正式进入团队。

所饰演的斯坦利·乔布森（Stanley Jobson）不得不在不断受到干扰的条件下入侵美国国防部系统。乔布森在片中使用到了编程，他本应该想方设法逃开"密码输入"这一步骤，但这样的黑客桥段在电影中表现的仍然是一个传统的"提问-回答"密码输入场景，由休·杰克曼所饰演的主人公也是几次猜错了密码后才成功的。当然其中还少不了我们熟悉的"若你在ATM机上三次输错PIN码，这就意味着你的账户将会被封锁"的情景。黑客技术一般都被描述为一种"三振出局"的情景，并且预先共享的密码一定是被推理得出的。

相信读者若听到上述情节与现代加密系统以及安全验证系统的运作模式并不相符，已经不会感到吃惊了。尽管这些大银幕上的演绎与现实中的密码机制关系不大，但是作为强大的视觉隐喻，这些桥段仍然深深地植入我们的脑海中。事实上在一个非对称的系统中,想要发送一个信息需要两个密钥(key)。其中一个密钥是他人可知的公开密钥(public key),它仅仅可被他人用于加密/发送某信息。换句话说,如果你想要给我发一条秘密信息,你就可以先用公开密钥加密这条信息。另一个密钥是由信息接收方掌控,并且只能被他/她作为解密/读取信息使用。你用我的公开密钥来加密信息,而我则可以用我的私人密钥(private key)来解读信息。

非对称加密程序有两种相互关联的使用方式来进行身份验证,一种方式是让这些不对称加密程序成为密码系统本身,另一种方式是这些不对称加密程序替换那些像《剑鱼行动》电影情节中的传统身份验证措施。第一种渠道实质上是一种简单的信息传送。如果我给爱丽丝(Alice)发送了一条内容为"你好"的信息,然

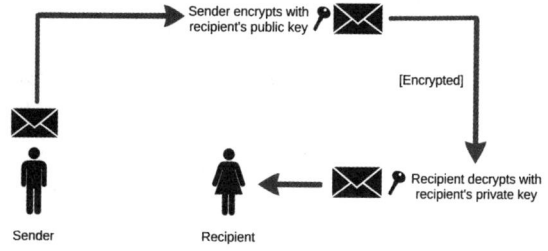

图三 一个非对称加密以及解密系统流程

后用她的公开密钥加密,而且如果那个自称是爱丽丝(Alice)的人可以告诉我信息的内容是什么(因为她拥有私人密钥),然后我就可以确定她的身份了。即便如此,没有一个密码系统是可以百分之百被信任的,一旦这种确定性被误判,操作者就很有可能分不清地图与真实领土之间的误差、将媒介与身份混淆。即使假设这个非对称运算程序的没有被动过手脚,我通过它能够证明的也只是接受我信息的人有权使用对应密钥解读信息。在这样的情况下,验证的媒介并不是被验证着所掌握的信息(因为密钥太长了,人根本没办法完全记住),而是掌握着一些关键信息。就是说,这种系统在证明一个人是谁这个方面不比其他密码系统有效多少。

　　第二种使用非对称加密系统的方式与这个理念息息相关:"验证权威"。验证权威是一种被大多数人所"相信"的第三方媒介。验证权威所扮演的角色,能够证明一个公开密钥属于一个被以特定方式命名的对象。设计这种加密方式的目的是为了绕开上文提到的难题:非对称加密技术只能够证明所有权,而非身份。要是在此程序的基础上加入验证权威,一个被信任的第三方能够将所有权与身份是否匹配联系在一起。

不过,在所有这些关于信任和身份的讨论中,有一点值得我们细细琢磨。公开密钥加密(public-key cryptography)的一个基本理念就是它能够通过第三方担保来提供更高的透明度以赢得用户的信任。

在关于公众信任的讨论中,有一个热点话题:是否在一个完全透明和开发的文化环境中,人们就更容易相信他人呢。这其中的逻辑多少有些奇怪。在一个诚信至上的文化环境中，谁还需要信息透明呢？举个简单的例子，如果我相信我的爱人，那么我又怎么会像一个爱吃醋的情人一样要求对她的行踪了如指掌呢。相反的，在一个充满怀疑、阴谋和偏执的大环境下，人们才会要求信息透明度。认为将密钥公开加上第三方权威验证这两个手段能够赢得信任这样的想法是一种异想天开。如果我们之间不存在怀疑，我们不相信恶意的存在，谁还需要这样的身份验证系统呢。

那么，公开密钥加密在以怀疑和不信任的文化基调中得到了快速发展这一事实，也说明了它抵御攻击的能力很强大。大多数非对称运算系统所依赖的数学逻辑是目前的机器在理论上无法进行规模很大的质因数运算，这样一来才能保证密码的安全，同时也没有任何一种算法可以解决这个难题（这里我所说的规模很大的数字指的是长度超过一百位的数字）。只要这一点不变，那么非对称加密技术就会继续存在。不过，就像其他密码系统一样，非对称加密的是否安全取决于保护着它的最弱环节的可靠程度。

实际上，已经发生过多起第三方验证权威被黑客攻击的事件了，不过没有一起是休·杰克曼或约翰·特拉沃尔塔所为。在这样的事件中，第三方自然就不能被信任了，因为它可以谎称一个密钥属于一个不相关的个体。这种系统的验证前提是，第三方权威根据一个人是否具有某个密钥证明他的身份，如果该权威的可信度已经动摇，并且我作为发信方对此一无所知，我便可能向一个冒充他人的入侵者透露秘密信息、给予他进行某项行动的许可，或者进入某个被限制空间的权利。所以说，验证权威是非对称加密密钥最容易出问题的脆弱环节。

同样地，密钥本身必须作为一个文件被储

存在电脑中，因为它太长了，用户很难记住。那么，这就不可避免地为潜在的攻击者提供了机会。如果一个攻击者可从储存私人密钥的电脑下手——就比如社交工程攻击：假扮信息工程师的黑客想方设法得到用户储存在电脑中的密钥——此时这个"信任"的系统就在沉默中被打破了。要想防止这种攻击（窃取私人密钥），可以将密钥这个文件本身加密。从某种程度上来讲这算得上是一种多重要素验证；这个过程需要用户先"掌握"某物（私人密钥文件）的同时还"了解"特定信息（保护私人密钥的密码）。不过话又说回来，这只能算得上是一种似多重要素验证系统（quasi-multi-factor system）。因为数字世界中的"所有权"与现实世界中的财产所有权毕竟不同。

尽管我在上文提到，从某种程度上来看非对称密钥系统似乎代表着知识与所有权之间的转变，不过事实其实要更复杂。许多基于密钥的非对称认证系统的安全性都依赖于一个有明显缺陷的理念：独特的数字信息常常被视为实物财产。私人密钥文件是可以被"窃取"的，即使它们本质上只是一种密码的形式，这并不影响它们可以被其他密码保护。就像上文中提到的，这不是真正的多重要素验证，因为一个人不能"拥有"私人密钥文件（我这么说是因为私人密钥的本质，它是一种非竞争性物品，可以被复制无限次，虽然其秘密性仍取决于有限制的访问权）。从语言的角度来看，说一个人"知道"密钥是什么似乎比说他/她拥有某个密钥更合适，他/她是不过让电脑替自己的大脑记住这串冗长的数字罢了。要想保证这样一个系统的实际安全性，就要加强系统的数字化记忆储存措施，以抵抗外来攻击。这听起来就有点像财产的性质——它有限制的访问权

(exclusive access)需要被保护——而实施保护措施者实际上更接近于知识。在计算机术语中,我们很常用记忆(memory)来指代电脑的易失和非易失存储器媒体,听起来也许还挺恰当,但其实十分不准确。

这样的思考又将我们带回了这一章最开始我们谈到的一个话题。语言离不开现实,我们的语言发展出的所有权概念无疑更适于描述竞争性的物质财产(空间、场所、房间、站点),那么用这样一种语言来看待这些相对新鲜的非物质性对象——就比如密码和密钥——是一件多么困难的事就可想而知了。你可能拥有某个储存媒介(比如硬盘,或 DVD 等等),某个密码或密钥可能限制着该储存媒介的访问以保证你的信息安全,但这是否就意味着你拥有这密钥呢?如果说你"拥有"一个"物品",一个在被无限复制的同时仍不影响其所属的物品,这里的"拥有"又意味着什么呢?也许从版权法中,我们能够更清晰地看出这一矛盾。

073 首先,让我们来看看照片。若你最近拍了一张照片。这应该是一个可以受版权法保护的物品,也就是说你对此照片的拥有权受到法律的保护。尽管你将这张照片公开展出,让成百上千的人能够亲身或在网络上看到它,不管它被复制过多少次,你始终拥有这张照片的合法拥有权。相反,如果我们说你在整个版权期限内都拥有这张照片(为了便于论证,我们假设这张照片曾经被出版过,但此时此刻各种原因,已经找不到最初出版的照片了),一旦版权到期,你就失去对这张照片的复制品的合法拥有权了,但是你始终拥有原版照片,这就意味着不再有人能够复制它了。对于照片这样容易被复制的物品,这样的物质产权与法定所有权就会重叠。这样的现象与非对称加密系统的安全性种类很相似。你可以尽可能地保护某个储存着迷药的媒介，但这并不意味着敌方不具有密钥的副本。同样地，你可以尽可能地采取法律和技术手段保护某个密钥的理念/信息/表达方式，但这样的保护的安全性始终是有限的。在下一章中，我还会更深入的讨论关于信息和产权的问题。

非对称加密和密码时代体现了密码的科学和数学趋势。没有这些最基础的数学理论成就以及电脑科技带来的算法程序的帮助，这些验证手段是不可能出现的。就像我在本章开头提到的那样，我们会用一些不恰当的修辞手段描述科技的成果。密码哲学的蕴含可以被延伸到记忆、产权、知识、空间和所有权，这一点我们都可以在以密钥为基础的加密程序中清晰地看出。

生物识别技术

目前密码领域的最新突破就是生物识别技术在验证方面的利用。从各大主流科技领域的媒体近期都发声对此技术开了绿灯,就不难看出生物识别技术的发展。但是我个人支持一种阴谋论观点:生物识别技术企图"取代密码"。生物识别技术(biometrics)这个词组本身的字面意思,这个技术指的是通过生物有机体(bio)自身的特征进行测量(metrics)。这背后蕴含的逻辑是我们可以越过个体所掌握的信息作为媒介来辨认其身份,而直接对个体独特的基因组成(除了同卵双胞胎以外)以及其生理表达(比如指纹、视网膜、虹膜、面部特征、声音)。尽管,这些技术实施起来从来不像我们说的那么简单。

在一篇被广泛引用的关于生物识别技术的著作中,作者提到了一个生物识别系统的开发者必须注意的七个核心特征:通用性（universality）、独特性（uniqueness）、永久性（permanence）、易收集性（collectability）、有效性（performance）、可接受性（acceptability），以及规避风险性（circumvention）。通用性指的是，该技术选用的被测量对象应该是所有用户都具有的一个生物特征。假设有些用户没有手、眼睛或者其他的身体部位，那么选用这些器官进行测量比对和验证的系统得到的结果就将是不充分的。独特性指的是特异性条件，也就是说系统选择测量的对象必须是因人而异的，能体现每个个体独特性的。永久性指的是人的生理特征是持续在变化的；而一个生物识别系统需要一个相对稳定的测量对象。易收集性指的是测量对象的数据应是易于收集的。有效性指的是该系统能够将生物测量数据与被检验者身份对应起来的准确度。可接受性指的是社会伦理层面人们是否能够接受这样的理念（比如人们会不会对于自己的眼球被扫描持保留意见）。最后一个，规避风险性指的是系统收到攻击的可能性大小。

生物识别系统可以有两种用途：验证与识别。本书到目前为止我一直把这两个词当成近义词来对待，但其实这两者之间是有着细微的区别的。验证指的是一个特定的个体与一个并只与一个身份匹配。在系统进行验证的情景下，核心问题是这个被检验者是否具备能与系统预先储存信息组匹配的生物模式。而在生物识别系统的语境中，识别与验证有着细微的区别。正在该系统运作的时候，识别意味着在数据库中搜寻与一个特定个体对应的信息。简单来说，验证是一个"一对一"的过程：我面前这个独特的个体与我所具有的信息是否匹配？相比之下，识别是一个"一对多"的过程：在我所记录的所有信息中,哪些是与该个体匹配的?换句话说,二者的区别也就是"这个人就是那个人吗?"和"这个人是谁"之间的区别。

二十一世纪是被非对称密码技术统治的时代,生物识别技术的存在显得十分有趣。从某种意义上来看,生物识别技术所采取的手段是对称的。假设一个攻击者可以找到系统中储存的某人的虹膜数据,那么他/她就可以根据数据复制来改虹膜,并以此骗过系统的扫描。曾经也确有此事发生,早期的生物识别系统十分好骗,第一批眼扫描仪和最初的面部扫描仪可以直接用对应的照片蒙混过关,所以说,由于技术上的缺陷,生物识别测量的验证表面上常常呈现对称的状态。

不过与此同时,如果执行过程不出差错,生物识别科技理应是非对称的。理论上来讲,你知不知道我的眼睛能不能开一扇门都是不重要的,因为目前人类不具有创造"高级定制"有机物的能力。当然,这一点可能在未来也会变化,在这个基因工程学技术日新月异的时代,科技在不断进步。但是就目前来讲,生物识别验证系统仍然依赖于这个简单的前提:我们不是女娲。信息,包括关于一个个体的有机信息可以被公开,然而攻击者仍然无法绕过一个设计上没有漏洞的生物识别系统。

不过这也不是说,为了欺骗生物识别系统,极端暴力的情形没有发生过,即使在系统技术层面完美无缺的情况下(也就是说,他们需要当事人的身体在场)。这些为了通过系统检测而进行肉刑截肢的事例大多来源于文学和影视中的虚构作品,著名的维基 TV Tropes[1] 把这样的桥段戏称为"外借生物识别通行证"。

---

[1] TV Tropes,一个收集了各种桥段的电子媒体百科。

举例来说,在丹·布朗(Dan Brown)《天使与魔鬼》(*Angel & Demons*)和华纳兄弟在1993年制作的电影《越空狂龙》(*Demolition Man*)这两部电影中,都有一个神经错乱的暴力角色通过取出拥有授权资格的用户的眼球,来应对生物识别系统的虹膜扫描。《越空狂龙》的恐怖时刻发生在由韦斯利·斯奈普斯(Wesley Snipes)饰演的赛门·菲尼斯(Simon Phoenix)试图逃离冷冻监狱的时刻,他用圆珠笔挖出了监狱长的眼球,举到扫描仪面前,然后成功打开了监狱大门。

对于我一直在探索的密码哲学来说——以及其中关于信息和身份之间的探讨——这些所谓的"生物识别通行证"意义非凡。身体的器官可以被作为可分解、转移的实体看待这一点,对身份和自我的定义有着很深的影响。事实就是在上述情况下,身体器官不过是能够欺

图 4 电影《越空狂龙》赛门·菲尼斯(Simon Phoenix)借用一个血腥的"生物识别通行证"的场景。版权归华纳兄弟所有。1993 基于公平处理条款使用。

骗检验系统的可转移物体，而身份在该系统面前却显得无能为力，因为它们与某个具体的身体部位毫无关联。在这些企图通过安全监测系统的恶人眼里，身体不过是一种物品，而不再是身份的组成部分。

其他被搬上大银幕的"外借生物识别通行证"的桥段就隐晦、含蓄得多了。比如在2002年的电影《少数派报告》（*Minority Report*），就展现了信息与人体之间更加复杂的一种关系。这部电影改编自菲利浦·金德里德·狄克[1]（Philip K. Dick）1956年的同名短篇小说，在他虚构的世界中，三位被称为"先知"的孩子能侦查人的犯罪意图，并利用科技读取他们

---

[1] 菲利浦·金德里德·狄克，美国的科幻小说作家，除了现在仍在发行的38本书外，他还写了一些短篇小说，少数作品出版在廉价杂志上，其中至少有七部小说被改编成电影。虽然他生前受到知名科幻作家史坦尼斯劳·莱姆、罗伯特·海莱因的赞赏，但却是直到他去世后才渐渐被人们熟知。

脑波的画面，所以在罪犯犯罪之前，就已经能够被犯罪预防组织的警察逮捕并获刑。但是谁也没有想到，犯罪预防组织的行动主管约翰·安德顿（John Anderton，由汤姆·克鲁斯饰演）出现在先知的犯罪预测报告中，他将会谋杀一个人，而他自己对此一无所知。

自由意志是所有关于预知未来有关的电影中关键主题之一。在一个人知晓自己的命运的前提下，还有可能根据自己的意志改变命运吗？但是对于一个普通的观众来说，更加令人困惑的可能是人体在电影的情节中所起的作用到底算不算得上是验证媒介呢？

电影中的一个情节很清晰地证明了这一点。《少数派报告》（Minority Report）构造的未来世界中充满了眼部扫描仪的桥段。在一个恐怖的场景下，主人公通过手术切除了自己的双眼，并换上了一对新的眼球，以冒充山本先生（Mr. Yamamoto）的身份，目的就是为了能在这座未来城市中行动自如。不过安德顿（John Anderton）还是将自己的眼球保存在一个袋子中，以便他能够进入警方控制的一切敏感地区（这同时也暴露了此片情节上的一个漏洞：在安德顿被警方追捕的同时，他曾经的职权被剥夺了，那么他对这些地区的访问权不早就应该被系统取消了吗？）

影片中另一个推动情节发展的动机更加隐晦：也就是为了得到信息对于同一个身体的两次偷窃。该犯罪预防组织的设计者，为了得到三位先知之一阿加莎（Agatha）的预知能力，杀死了她的母亲安·莱弗利（Anne Lively）。因为安一心想让自己的爱女回到自己的身边。这对于整个系统来讲无疑是致命的，因为阿加莎作为能力最强的先知，对整个犯罪预知组织起到了关键的作用。从这个意义上来看，阿加莎的身体被组织窃取以便于获得未来的信息的访问权。按照亚力·兰西（Yari Lanci）的话来说，这是"一个为了获取未来的信息先发制人，而引起的斗争"。在电影中"先发制人的信息"就是先知们的存在——也就是一个直觉知识的思维过程，而想要获得这些信息就必须掌握先知们的身体。阿加莎的身体在片中就起到了（有机）生物、心理、通灵识别系统的作用，是了解未来来并掌握先机的通行权。

第二次为了获得信息窃取身体是情节主线的一部分。主人公安德顿在被指控谋杀罪后，想要找到能证明自己清白的那份少数派报告[1]。然而，在《少数派报告》中的犯罪预知系统是反对错误预知的，也就是说这个系统不允许任

---

[1] 系统依赖三个"先知"一起判定某人是否有杀人企图。当出现分歧，按少数服从多数原则定案，但最后若少数一方正确的话，则会秘密保存一份少数派报告。

何对自己不利的证据存在。就像系统的发明者之一所说的那样"整个系统成功运作的前提是,不存在任何关于不可靠性的证据"。出于这样的原因,这些少数派报告在被销毁后,储存在"作出该报告的先知体内"。

因此,安德顿必须要通过用强效药来易容,以逃过警方追捕,并从先知所在的营养舱窃取阿加莎的身体。就像他在片中对阿加莎所说的那样,他不得不这么做,因为她"体内存有关键信息"。就像阿加莎最初被从母亲的身边夺走一样,她所在的营养舱形似一个女性的子宫,就在这里,她又一次被安德顿"窃取"。更关键的是,尽管安德顿窃取身体的最初目的是为了获取信息,在片中身体有着一个更重要的功用,即她脑中储存着的信息。阿加莎的存在在此被降为一个简单的获取信息的工具,一个可以被随意窃取的物品,与生物识别系统将

图五 《少数派报告》中三位先知以及他们所在的子宫状营养舱。版权归二十世纪福克斯所有2002。基于公平处理条款使用。

人格、自我与身体结合在一起的初衷正好相反。

生物识别系统与其破解,所带来的问题其实从根本上讲是人类人格的问题。在过去,密码系统简单来说不是关于将信息作为身份的"媒介"使用的方式。证明一个人具有预先共享的信息曾经是能够验证其身份的最佳系统。接下来,到了二十世纪七十年代,密码的数学化处理进一步带来了所有权与信息的概念复杂化。问题集中到将被保护信息储存到一个物理空间中(一个硬盘或是一个联入网络的计算机系统中),这些措施有可能被他方入侵:记忆信息的外化(externalization)。最后,由于信息和外部储存措施都如此脆弱,那么不如将一个人的身份直接与他的身体联系在一起,也许这个理念能行得通。

不过事实证明这是不可能的。一个人的身

体会随着时间的推移产生变化。上文提到的强行"外借生物识别通行证"也显示了，尽管有些非人道，但从理论上来讲，分解人体并用来欺骗生物识别系统是可行的。从另一个方面来看，一个在事故中遭受脑部损伤的人，还是那个人。他/她可能不再记得身份验证系统需要的信息，但他/她的人格的核心始终没有变。在这里，我所说的"人格的核心"指的并不是一个人保有一些自然的、不变的本质和精髓。人是通过一系列复杂的基因结构以及其所处环境之间的互相作用、持续影响的结果。我仅仅想要指出，一个人可以通过直觉辨认出另一个人，而且这种人与人之间互相辨认的快速与直接，让我们长时间以来一直在用的密码系统看起来很蠢。换句话说，对于这些验证机制来说，尤其是这些依赖于科技通过一系列媒介（个体所掌握信息以及身体）来辨认人的身份的机制,这些媒介是不充分的。人不仅仅是他们的身体,也不是他们的大脑,甚至不是这两者的简单组合。密码、数学,以及生物识别系统比其他的现象更有力地说明了,不管这个世界发展到什么样的程度,我们似乎仍然不知道如何定义我们自己。有些人将这个我们一直在寻找的对象称为一个人的"本质"。也有一些人会用"人格"和"自我"这样的词汇来指代它。还有一些人,称其为灵魂。

4

身份

我觉得到目前为止,密码不仅仅是识别和验证机制这一点应该已经很显而易见了。更进一步来看,密码在它各种各样的存在方式中,对人类身份、信息以及身体等各种方面的传统理念提出了挑战。同时,密码仍然是限制空间、信息的访问权以及给予行动许可的工具。在这本书的最后一部分,我们将更详细地探讨身份是如何与密码的问题联系在一起的。我尤其想探讨一下"身份盗窃"这个词背后的含义,要知道只有当对于密码的特定理解产生后,这个词组才找到自己的立足之地。在数字科技不断发展的过程中，特定经济领域的术语也随之发展，而在这个大背景下，密码在名义上成为各种组织保护自己的敏感信息的自然手段之一。这些组织一般都属于金融领域，声称你知道某个信息渐渐就被你是某个人画上了等号。而事实上，"身份盗窃"这个词组所指的一般是某个盗窃者企图通过获取特定信息来非法窃取他人在社会生活中所扮演的某个角色，就比如说登录他人的银行账户或者领取他人的社会保险福利等等。我们之所以谈论身份盗窃是因为在一个身份被视为他/她的社会角色、职能的总和以上的东西的世界中，人们掌握这个身份是因为他/她知道其他人不知道的特定信息。这就是站在"身份盗窃"背后一个大胆的断言。

非竞争世界里的"盗窃"

在第二章提到的各种形式的文学作品中，

我们可以看出为什么密码本身需要排外性这一属性。如果本不应该知道密码的人知道了密码是什么,那么整个系统的安全性就会遭到破坏。不过与此同时,我们还提到过密码通常以信息的形式出现。就像上文所说,信息属于非竞争性物品,也就是说信息在被无限复制的情况下并不会影响创始人的访问权。想明白一个人的身份被盗窃到底意味着什么,我认为当务之急是理解在数字时代"盗窃"的涵义,那么这就又涉及信息以及财产的本质涵义。

现在让我们重拾第三章中提到的话题。也就是知识产权这个"人造"法律概念。近几年来,当没有授权资格的复制愈发频繁地被与盗窃联系在一起时,知识产权就出现了。不过,这两个词汇之间有一个关键的区别。盗窃指的是通过不正当的手段占有他人的财产而使其因此永久失去了该财产的行为。就比如在英国的法律中，很明确地指出偷窃某物，指的是使原物主失去该物："凡占有他人财产并有意使他人永久失去该财产者，则将其视为犯有盗窃罪。"美国各州虽然法律不同，但是关于盗窃罪的定义有两个要点是相同的：(1) 采取不正当手段占有他人财产；(2) 故意使原物主失去其财产。

这一点对于反对盗版现象的机构来说至关重要，因为他们的目的就是，将盗窃和未经版权所有人同意对其作品或出版物进行复制再分发的行为画上等号。就比如 2005 年美国电影协会[1]《声名狼藉》的宣传语首句"盗版是犯罪"，其后半部分将上文的类比阐明，"你不会偷车"接下来是，"你不会偷包/你不会偷电

---

[1] 美国电影协会是由美国六大电影公司所成立的商业交易协会。最早成立于 1922 年，原名"美国电影制片人与发行人协会"。其最初的目的主要是为其成员之间提供交流平台，后成为一个依靠电影制作守则规范电影制作，并形成了今日的美国电影分级制度。

视/你不会偷一部电影/下载盗版电影等于盗窃/盗窃是违法的。"不过根据大多数国家的法律,违反版权法属于民事犯罪,而非刑事,而且这显然算不上是盗窃行为。通过这一事例我想表达的是,如果一个人下载了一部盗版电影,他显然没有剥夺和占有该电影版权所有人的财产。"盗版"行为很有可能影响到该作品为版权所有人在未来带来的收入,这一点是不可否认的,但是这个对于不可计算的未来收入估量很难将盗版行为定罪为盗窃。下载意味着第三方通过复制这一行为,获得了某信息的访问权,与此同时,此信息的原始所有人仍然保持着对于该信息的所有权。

即使直接牵扯到钱的事件中,盗窃这个词在当今的数字时代仍然不可避免地变得难以定义。在过去,当钱还只是一个摸得到的纸币或硬币的时候,想要用非正当的行为获取更多钱财，一个人能做的无非就是非法制作假钞或窃取他人钱财。在数字时代，一切都不同了。"钱"在更多时候只是数字，贮存在某个电脑系统里的数字。有些人已经注意到这一点，他们甚至提出关于盗窃的法律定义已经逐渐落后于我们这个信息产品被无限复制的数字时代。杰伦·拉尼尔[1]（Jaron Lanier）利用数字货币据理力争，他认为如果因为下载不会使他人失去原有财产就不算是"盗窃"的话，那么"一个人要是黑入银行账户系统随意添加其中的钱数"也同样不应算是盗窃了。不过这样的推理显然太过抽象了。在拉尼尔的这个观点中，此黑客在这里违反的是"促进经济运行的人为稀缺性"原则，这个推理是合理的。但是将其归为盗窃行为就有过之无不及了。这种行为更类

---

[1] 杰伦·拉尼尔，集计算机科学家、哲学家、艺术家、思想家为一体，被全球公认为虚拟现实之父。

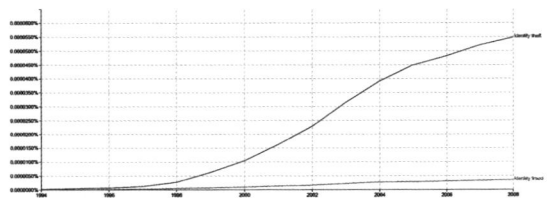

图六　1994年至2008年间,"身份盗窃"这一词条在谷歌图书语料库中被用来指代密码机制破坏事件的出现次数的增长。图片经过谷歌授权后使用。https://books.google.com/ngrams/info.

似于制作一种新的货币，显然违反了现有的社会法律契约：归根结底，这是"盗窃"与"欺诈"之间的区别。

密码（与其他所有的数字和信息产品同理）不算是实物财产。信息是不能被盗窃的。它可以在没有被授权的情况下被获取和复制，但这种行为在法律的层面上算不上是盗窃。那么，为什么从上世纪九十年代起，"身份盗窃"这样的词组会变得比"身份欺诈"更流行呢？很显然，身份是不能被偷走的，被我们用来指代身份的媒介——一个密码却是可以被获取的，不过获取密码行为不构成违法盗窃。那么说"身份欺诈"不是更恰当吗。就连"未授权访问"也比它来得更准确。那么，最终留在我们意识形态里的词却是"身份盗窃"。这是为什么呢？

身份识别风险

我坚信,"身份盗窃"之所以比其他几个同义词更受欢迎,是因为它是被各种规模较大的机构推广起来的。这个词可以帮助这些机构逃避其身份识别验证系统固有的漏洞带来的责任。这样一来,他们就可以将系统漏洞带来的风险转移到用户身上,并以此将安全性作为一个与其客户谈判的附加筹码。那么现在让我们来对比一下这几个表达同一过程的不同词组,我们可以通过系统地分析其差异来比较这些风险转移的方式。在接下来的分析中,我们要牢记一点,也就是线上验证系统,之所以能够长期立足,是因为我们需要它们来履行一个社会责任:在身份的基础上建立信任。这些系统具有固有的缺陷不应该被作为借口,回避缺陷被暴露引起的社会谴责、风险以及失误。不过,我们作为消费者，常常既想拥有长期访问权带来的便利，又想获得安全性保障，这两种需求对于一个安全系统来讲必然是势不两立的。对我们用户来说，密码及其线上系统实在太过常见，以至于我们现在理所当然地默认它们的存在，就像它们是身份识别领域中唯一的也是最佳的解决方案一样。但这其实是很危险的，因为如果我们默认系统是十全十美的，那么一旦出了问题，过时就会被推到人的身上——尤其是需要被验证的人——那么真正需要承担责任的一方却成功地回避了责任。在继续谈这个主题之前，我想先说明一点，即使金融机构（也是我下文想要细谈的主要例子之一）如果遇到这样的问题，比如一家银行即使面对类似的事件会用到"身份盗窃"这样的术语，它们通常还是会偿还你的钱并主动承担风险（有时这是出于公关形象的考虑，有时这是出于规章制度的原因)。但我认为好景不长,当身份盗窃这个理念在语言上被更加广泛接受以后,这种情况在未来也许就不会这么乐观了。

如果,被用到的词组变成了"未授权访问",那么随之而来问题就变成了:谁来进行授权呢?这与验证又有什么区别呢?那么我们来假设,如果有人黑进了我的银行账户,很显然我没有给予他随意在我的账户动手脚的权利。按照惯例来说,我不会让他人随意分配我的钱。不过,在这种假设的情况下,这个黑客通过以某种不正当渠道获取了我的密码,说服了银行系统,使系统认为正在登录账户的人就是我本人。那么系统就会允许黑客进行我上述的操作,并认为这是我本人在进行的操作。在这种情况下,"未授权访问"这个词就意味着银行作为一个机构在运作的过程中出现了严重的漏洞。而我由于并没有进行授权,所以并没有任何过失。银行的验证系统不够严谨，没能将黑客与我辨别开，所以出现了差错。这个验证失误进一步导致系统（也就是银行一方）犯下另一个错误，也就是允许黑客进行我没有可能授权的操作。从一个金融机构的角度来看，"未授权访问"应该是对他们最为不利的一个词了，因为在这种默认的语境下，系统过失的全部责任都应该由该机构来承担。

相反，如果被使用的是"身份欺诈"这个词，那么一个机构扮演的角色可能会略微有所不同。即使他们仍然因为系统故有的漏洞错误地识别了一个用户，但在这个词的语境下，系统就成了受害者。换句话说，失误既不是终端用户的责任，也不是银行的责任。就这样，"身份欺诈"的"欺诈"将过失轻而易举地转移到身份冒充者（黑客）头上。另外，比起采取主动措施防治这样的系统漏洞和黑客攻击，直接事后使用"身份欺诈"这样的词对于那些可能承担经济损失的金融机构来说可能更方便。不过话又说回来,想找到这些隐姓埋名的网络犯罪分子也是难上加难,所以想要逮捕一个具体的人当枪靶子来怪罪也没那么容易。此外,这个词带来的另一个有趣的转变就是,这种"欺诈"行为的真正受害者是终端用户,而不是金融机构。

这一点有些不同寻常。常理来说一般人看到"身份盗窃"这个词才会这样认为:因为盗窃行为的受害者应该是丢失被偷窃物的人。那么为什么人们在提到"身份欺诈"的时候,会认为被冒充的人是受害者呢。那么现在让我们再次把目光转移到法律定义上,以虚假陈述作出欺诈指的是"当一个人故意作出虚假陈述,并知道所陈述内容为假且具有误导性,仍以获利为目的作出此陈述,因此造成他人损失或者给他人带来损失的风险。"那么在我上文举的例子中虚假陈述是针对谁提出的呢?一定不是身份被冒充的用户。从我个人的角度出发具体来说,很显然,如果有人要当着我的面冒充我,我是不可能被他欺骗的。但是从逻辑上来说,身份欺诈的受害人就不可能是身份被冒充的人!让我们继续回头看看关于银行的例子,被欺骗的是金融机构的验证机制。然而,关于身份欺诈事件的舆论却更倾向于将被冒充者塑造成受害者。我不否认被冒充者的利益多少会受到这种行为的影响,但是我认为认清他/她并不是那个导致系统错误识别的始作俑者这个事实也是很重要的。

当人们使用"身份盗窃"这个词的时候,往往在一个线上密码系统出现失误的情况下,责任都被归咎于用户而不是机构。于是人们又发明了"数码习惯"(一般指的是勤换密码,经常运行杀毒软件等等习惯）这样的词，就像在现实世界中一个人因为没有看管好自己的财产而可能会受到损失一样，用户自身应该为他们自己的身份以及财产承担起应有的责任。大多数"现实世界"中的盗窃险保险合同中都明确要求投保人应主动采取措施保护自己的财产，这些措施中任何一个微小的差错都有可能导致索赔失效，以便于保险公司将损失的责任转移到客户个人的身上。密码在"身份盗窃"一词的修辞涵义有着异曲同工之处。因为将密码系统看作设计存在缺陷的脆弱机制，大多数银行与客户之间的协议都设有专门的条款，它们能够在与客户产生纠纷打官司的时候保护自己的规章制度，如果当用户没有采取充分的措施保护自己的预先共享信息的话，那么财产损失的责任自然就不能被归咎于银行。尽管"身份盗窃"这个词不管从哪个角度看都是荒谬的，但经过我上文的论述，相信读者也不难理解为什么这个词对于各种机构有着巨大的吸引力。如果大众能够被这个词成功劝服，主动相信密码机制本身并不脆弱，也没有缺陷，他们的身份就像某种财物一样是可以被他人恶意窃取的（因为他们个人不良的数码习惯），那么对于银行或者其他提供验证机制的机构来说，这就能大大减轻其责任条款带来的负担。

身份盗窃这一荒谬的逻辑，通过与实物财产的类比变得大受欢迎。这也是因为很少有人能够真正理解科技世界中复杂的验证系统背后的运作模式。那么，通过将科技与现实世界类比（比方说将科技比作现实的翻译），普通人才能够理解这些看起来高深莫测的科技。所以说人们就更有可能用已知逻辑来对待新鲜事物。验证系统提供商正式想通过这一点来将已有的立法逻辑也运用在虚拟现实中。但问题的关键在于虚拟现实与现实不同，实物财产与信息不同，信息与身份更不是一回事，而这种逻辑要求我们将不应该被合并的概念生生地合并在一起：实物财产应被与信息以同等的方式看待，同时，信息与身份应被用同等的方式看待。这种伪逻辑之所以能够站住脚，从反面证明了在我们所处的数字时代，你所掌握的信息常常代表着你是谁。信息与身份之间的界限已经越来越模糊了。

信息/身份

在人文学术界过去的三十年中，应该没有比米歇尔·福柯（Michel Foucault）的权力-知识（power-knowledge）观影响力更大、传播更广泛的理念了。在《规训与惩罚》（*Discipline and Punish*）以及《性史》（*History of Sexuality*）中，福柯提出的权力-知识与老套的"知识就是力量"不是一回事。福柯认为真正的权力来自于掌控人们理解真相与知识的方式的能力。为了证明这一观点,福柯在文中提到了宗教的忏悔。在忏悔的仪式中,悔罪者被要求(权力)说出他或她真正的却又被禁忌的欲望(知识)。这样的忏悔会带来一个反馈回路,也就是说对于忏悔者,说出的真相这一行为能够帮助他摆脱犯下的罪孽。根据福柯的观点,在社会世俗化大趋势的不同阶段中,忏悔的许多方面逐渐渗入到精神病治疗的过程中。从这个角度来看,心理治疗利用了忏悔真相的力量塑造不同形式的主体身份,心理治疗师则负责来掌控整个过程。另一个关于权力-知识的例子属于科学实验的领域。对于我们来说,科学旨在了解真相这一点是无可辩驳的,但从人类漫长的历史来看,事实却不总是这样的。在实证性科学(empirical science)还不存在的年代,这样的例子比比皆是。但是从近代的某个关键的时间点之后,重复性实验和主体互联性验证("科学")成了真相的主要守护者(其动机是正义的;其进步是客观的)。不过,就像翁贝托·艾柯[1]曾经指出的,实证性科学的出现其实是充满争议的,它并不能与真相画等号,因为实证性科学有可能与其他形式的社会真相与意义有冲突,比如说《圣经》。用这样的方式来看待科学,所带来的生产真相的形式(话语)不是通用的、绝对的,而是历史的、相对的。更重要的是,虽然权力与知识并不同,但是这两者之间却具有互换的可能,以及一种紧密的互相依赖性。

密码与真相/知识问题不可避免的互相影

---

[1] 翁贝托·艾柯,意大利学者与作家。除了严肃的学术著作外,著有大量的小说和杂文,长年给杂志专栏撰写以睿智、讽刺风格见长的小品文。最驰名的作品为小说《玫瑰之名》与他的杂文集。艾柯生前任教于博洛尼亚大学,居住在米兰。

响，因为密码系统的科技可以被视为权力，这种权力通过知识与身体能够塑造身份。密码被称为科技，是因为它们是形式化、惯例化的工具和附加装置，我们用它来排斥我们想要排斥的人。它们利用科技的力量，规范以及控制人们对于某个领域的访问资格。它们能够塑造身份，因为在密码被某人说出或者在其起效的瞬间，这个个体就在其他人的眼里将自己归到某个预先设立的类别中，这些类别一般都是被提前定义好的各种身份形式。密码是通过知识和身体来完成上述的功能的，因为在大多数情况下它们依赖于预先共享的秘密（或者说非对称密钥信息），在少数情况下它们还要求被验证者的身体也在场。

从某种角度来思考这个问题，密码所塑造的被预先定义归类的身份构成其实是循环性的。因为密码将知识和身体作为媒介，它塑造的非形式化的人格理念的目的在于验证某个特定的主题是否掌握特定的信息，或者是否某具身体的主人，它简单地把这两点当作人格来看待。换句话说，这种将密码视作身份的传统理念仅仅意味着：一个可以被验证的身体与一个预先被定义好的身体是一致的，一个验证挑战问题的回答与预先共享的信息是一致的。

不过，还有另一个看待这个问题的方式，能够将密码与它的功能联系起来。在这种模式下，密码并不是为了识别身份存在的，其功能在于利用知识和身体将人们分成小组归类，每个小组都用这一个实际的功能。这更像一个归类系统，比如"允许访问"对着"拒绝访问"。不过，这种思维方式并不适于风险转移。因为在这种模式下，密码与个体的**身份**并没有关系，那么归类失误的责任自然而然就被转移到归类者的头上了。

密码被视为归类系统这样泛义的哲学立场来源于人类思维史中出现过的不同观点。当然了,很多思想家都考虑物体与其类别之间的逻辑关系。就比如数学中的集合论,就是这个领域中一个很重要且很有趣的范例。与它对立的是,一种反对完全封装[1](encapsulation)的分类公式。举个例子,对于狄奥多·W·阿多诺[2](Theodore W. Adorno)来说,"没有任何事物能够被完全的概念化"。没有任何归类程

---

[1] 封装,即隐藏对象的属性和实现细节,仅对外公开接口,控制在程序中属性的读和修改的访问级别;将抽象得到的数据和行为(或功能)相结合,形成一个有机的整体,也就是将数据与操作数据的源代码进行有机的结合,形成"类",其中数据和函数都是类的成员。在电子方面,封装是指把硅片上的电路管脚,用导线接引到外部接头处,以便与其他器件连接。

[2] 狄奥多·W·阿多诺(1903—1969),德国社会学家,同时也是一位哲学家、音乐家以及作曲家。他是法兰克福学派的成员之一,该学派的其他成员还包括了霍克海默、本雅明、马尔库塞、哈贝马斯等人。他同时也担任过"电台计划"的音乐部主任。在成为青年乐评以及业余社会学家之前,阿多诺本质上是个哲学思想家。

序能够完美地归纳人类的生命。我们从密码系统中能够获取的身份不等同于一个人,也不能够等同于一个人。在一个完全不同的语境下,杰伦·拉尼尔(Jaron Lanier)作为该观点的反对者,在社交媒体的领域中看到了一个相似的现象。在社交网络中,软件的设计会刻意把人的存在粗暴地归为几个预设好的类别。比如,拉尼尔说道:

> 软件工程是二进制特征的,这一特征在软件产品的层面也会不断地体现出来。让一个程序运作或者不运作要比让一个程序处于运作和不运作之间要容易得多。同理,在数字网络中设立一个刻板的人际关系更简单:在一个典型的社交网站上,你的情感状态常常不是有伴侣就是单身(或者几个其他数量有限的预设情感状

态)——这把我们繁复的生活生硬地简化成为几种状态,在我们的社交网络中肆意地传播着。

拉尼尔的世界观以计算机技术为主心,他从这样的世界观出发,其实这个问题不仅限于数字世界。我们用简单标签来定义人足足有几个世纪了,把这些标签全部收集起来也不足以描述一个人的存在。但谁也不能否认,这种贴标签行为是人类的共性。

不过重点也不在于密码,尤其是在我们的数字时代,是一个简化论倾向严重的分类工具。密码本身也不具有影响阿多诺或者拉尼尔提出的分类问题的能力。然而密码的运用,没有上述分类系统不行。其实在我提到密码可以"塑造身份"的时候,这句话没能解释的问题是:密码用什么来塑造身份呢?这个问题的答案是不能从密码本身这个抽象概念中辨别的,但是从密码排外性的特征里,我们也许能够看出这些具有魔力的语词的能力。路德维希·约瑟夫·约翰·维特根斯坦(Ludwig Wittgenstein)曾说过这样一句话:"**实际上**这个词组的用法就是它的涵义。"其实密码与社会的关系也是这样。在不考虑密码有什么作用、密码存在的目的是什么的前提下,我们是无法深入了解密码的历史以及理解它们为什么至今仍然存在,也无法探索它们真正的意义的。

· · · ·

密码以各种各样的形式出现在人类漫长的历史中。虽然我们常常将密码看成验证一个人到底是谁的工具,但是我坚定地认为,密码实际上是一种归类科技,而且在没有排斥性需求的环境下,这样的科技是无法立足的。那么,顺着这样的逻辑,密码就不能验证某个人的身份。怎么能够呢？就像我在上一章解释生物识别技术与身份时提到的，想要将一个人的描述形式化是一件很难的事。人不仅仅是他们的身体，也不仅仅是他们的心灵。作为人类，意识到这一点对我们来说是顺理成章的事。机器或者对人没有先验知识的实体就不同了，它们毕竟不能凭直觉辨认，而且需要一个统一化的系统语言来描述人类身份。为了满足系统这种形式化描述的需求，我们可以建立一系列的测量措施作为媒介——密码、生物测量技术、数学函数算法——来共同运作，才能勉强达到一个人的身份的近似值。其实，不管是什么形式的密码，它所能达到的最高境界，永远最多是一个身份的近似值。它们的存在本身就代表着我们无法向一台机器或者一个对被描述个体不具备先验知识的实体完美地描述一个人的无能为力。

我们在谈论密码以及密码攻击的事例的时候常常会忘记这一点。这就是"身份盗窃"这个词背后的假逻辑为什么能够成立，也是为什么我在这里坚持的论点不仅仅是一个语义学上的问题。也就是说当我们使用"身份盗窃"这个词的时候，我们默认密码系统能够完整地描述一个人的身份。这种思维模式导致了很多荒谬的言论，比如在《商业内幕》(*Business Insider*)最近的一篇文章中就提到，"一些人生大事，比如像结婚一类的事件，会将你暴露在更高的身份盗窃风险之下。"也许父权社会文化下的女权主义者会同意这一点吧，出于各种各样的原因。但是更严肃的来说，某些商业顾问正是利用这一点，将话题转移到身份保护的个人责任（也就是密码——一种非竞争性的信息）上来，就好像身份是某种实物财产一样。从"人们应该采取积极手段保护他们自己"这样的宣传语中，我们可以明确地看出这一点，然而真正应该采取主动措施承担责任的，应该是那些设计这些身份验证系统的人，需要被改进的是他们所选择的媒介验证手段。在"身份盗窃"一词所需的语境下，密码成为能够完全描述一个人的工具，当它被窃取时，密码就危险地将你掌握的信息转化成为你的身份，实在是投机取巧。

我想光用密码不足以验证一个人的身份已经是既成事实了。最近备受关注密码泄漏事件发生的频率越来越高，就明确地说明了这一点。其实这对人类来说也不是新闻了，我们发现密码的这一特征已经有几个世纪之久，它在文学作品中也经常出现。在古老的魔法文化中，比如亚述文化以及埃及文化中死亡的仪式，与其说亡灵在进入另一个世界之前需要说出的咒语取决于身份；不如说，它们与亡者生前的特权之间的关系更加密切。那些能够有钱将咒语写在棺材上的人，就能够获得进入天堂的密钥。这明显不是个体身份的识别，而是通过财产的多寡进行阶级的划分。尤其是对于古埃及人来说，代表着阶级的《死者之书》更是保证他们在去往阴间的旅途安全，换句话说，只有那些含着金汤勺出生的人才能够安全前往来世。

　　而同样的，在上文关于密码的文学体现的章节，像《阿里巴巴与四十大盗》这样的故事就是以打破密码为主要动机。这些故事的叙事情节之所以能在逻辑上成立，正是因为密码无法代替身份。从《阿里巴巴与四十大盗》这个标题上，"四十大盗"显然代表了一个阶级，文学中典型图谋不轨的盗贼团伙形象，那么他们使用的暗语，也就是密码，代表的并不是一个个体的身份，而是整个团体。"芝麻开门"

这个密码的作用本是保证恶人的访问权,防止主人公们进入藏宝洞,然后通过一系列事件,这样的叙事机制发生了转机。《阿里巴巴与四十大盗》可以被看作一个警告,这个故事告诫我们真正的身份与密码所代表的身份并不是一回事。在故事的结尾,阿里巴巴成为唯一能够打开藏宝洞之门的人,表面上看,一切的秩序似乎被恢复了。密码再一次成为识别个体身份的工具。不过故事接下来的进展展现出其叙事的循环性,它认识到身份与验证身份的媒介之间的复杂性。在故事的最后一页,作者似乎在暗示着,终有一日,阿里巴巴会发现由于过于依赖密码这一机制,他落到像盗贼们一样的下场,被其他图谋不轨的人夺走一切。

《哈利波特》系列中的魔法世界也涉及这一点。不愿使魔法成为有了魔杖和一定的知识储备就能被任意掌握的J·K·罗琳,将目光投向更为古老的文学传统：纯度鉴定。在罗琳所虚构的世界中，我们最熟悉的两种控制访问权的媒介——了解与掌握信息是远远不够的。取而代之的是，罗琳利用魔法之便，将魔法师预设为一个阶级，这些人可以施展魔术的理由很简单，因为他们是魔法师。在罗琳的笔下，平时被我们用来代表身份的媒介（知识信息，身体，以及拥有的实物）被超越了，一些人之所以能成为他们自己是不需要原因的，也不需要任何媒介来证明他们的身份。从表面上来看，好像你要不生来就是魔法师，要不就永远不能成为魔法师。不过，罗琳又引入了一个新的类别——哑炮（squibs），让整个人物体系变得更加复杂；哑炮出生于魔法师家庭（父母至少有一方是魔法师），拥有魔杖，多少知道一些魔法咒语，却无法灵活使用魔法。罗琳塑造的哑炮形象代表了没有任何一种媒介是百分之百有效的。在罗琳的魔法世界里,连魔法家族的基因也不能百分之百的保证你有使用魔法的资格。

这种对于身份的挑战在当代电影作品中也较为常见。就像我在上文举出的几个例子中提到的那样,当代的大银幕常常将破解密码作为叙事的核心动机。在不同的背景中,像《越空狂龙》《天使与魔鬼》《择日而亡》[1]《异形4》《复仇者联盟》以及《少数派报告》我们都能看到,本应该万无一失的生物识别技术被身体的变异以及简单粗暴的肉刑推翻。这些影视作品贬低密码的途径之一,就是将肉体与心灵分开。就像上一章提到的,比如在《少数派报告》中,身体与心灵之间有着特定的联系,但

---

[1] 《择日而亡》,是第20部詹姆斯·邦德系列电影,于2002年上映,这是皮尔斯·布鲁斯南第4次也是最后一次扮演虚构英国秘密情报局间谍詹姆斯·邦德。李·塔玛霍瑞担任导演,迈克尔·G·威尔森和芭芭拉·布洛柯里任制片人。

二者又是截然不同的。主人公想要得到先知储存的少数派报告（心灵），但他只有通过窃取她的身体才能达到这一目的。电影通过这样的情节设计反映了整个故事的主线，以及它的中心思想：人有时仅仅因为他们的身体、心灵或者其他特质被看重或利用，但其中却没有一个单独出现时能够代表其身份。

上文中我提到的另一段历史，显示了纵观军事的发展身份的问题一直是被重点探索的对象之一。尤其是有着大规模杀伤力的领域，一直处于身份验证系统设计的先锋，因为他们需要筛选谁有资格操作这样武器。然而仍然有一种挥之不去的焦虑困扰着他们。从上世纪七十年代起，以密码通过单项函数算法的数学化处理为始，我们就变得越来越依赖于这些高科技机制，尽管没有人能够通过数学来证明这些机制是完全安全的。当这些已知算法的漏洞暴露出来的时候，人们开始以一种我们自己已经无法掌控的速度发展新的算法。这种速度让数学家束手无策，用先进的机器暴力破解密码。其实，当代理论数学若完成一个小突破，就足以导致我们现有的安全沟通系统以及安全验证系统失效。这对于当今依赖远程身份识别的全球化互联网来说无疑是致命的。尤其是在核武器的威胁下，如此强大的毁灭性武器的操作命令如果被破解，那么其后果将是难以估测的。

随着现代技术能力的发展，我们也希望密码能够变得越来越完美的，能够达到与个人身份百分之百的契合。不过其实，这样的想法天真得有些危险。如果我们能够找到密码机制下运行的数学算法的破解方式，那么目前的个人与国家的数字安全系统就会轻而易举的瓦解。当然了，在这种情形下也许会有新的生物识别技术出现，但是这些新技术往往也是以牺牲个人隐私为代价的。关于"身份盗窃"这一点，值得探讨的是，在这个发达的世界，假设有人能够截取你的基因序列的话，那么这些人是否比起仅仅掌握信息的人来说，更接近你的真实身份？

　　密码也许有着种种不便之处。但它们仍是现存的被普遍接受的远程排除工具。我们中的许多人每小时都需要接触密码许多次。密码的普遍性使它们成为我们默认的首选解决方案。从这个角度来看，密码作为一种事物，在社会的层面上决定了我们的思考方式，就像我通过分析我们理所当然的使用"身份盗窃"这个词的时候，省略了什么。不过反过来看这个问题，密码只有在被需要的时候才能发挥自己的功效。虽然说在也许近未来，我们社会的包容/排除机制并不会发生太大的变化。不管是通过基因序列还是什么其他的方式,我们也不会停止新的尝试。更先进的身份验证仍然等待着我们的发掘。所以在此期间,为了保证我们的金融安全、国家安全以及我们个人隐私的安全,我们仍然需要信任这个带有漏洞的、经过了几个世纪才渐渐成形的词汇:密码。

· · · ·

那么密码的未来又会变得如何呢?现在的我们在技术上是否已经达到识别和解读个体身份的极限了呢?答案是远远没有。在我们谈论这个问题的同时,智能手机的开发商就在研发一种新的设备"解锁"机制,该系统能够利用运动传感器来识别步态。随着核磁共振技术的进步,独特的脑电波成像技术也早晚会进入身份识别验证系统的领域。除此以外,面部识别技术也在快速发展着。就在最近,一些像雅虎

(Yahoo)一样的网络巨擘已经开始将一次性密码令牌[1](one-time token)发送至用户终端设备来代替传统的密码。也许有一天我们能够见证即时基因测序技术[2]的出现,也就是说立刻分析出个体的基因数据并将其储存,估计这样的科技发展会让许多隐私保护运动的激进分子望而却步。不过话又说回来了,谁又能准确预测遗传工程学发展速度呢?人们以后又会不会采取什么样的手段来改变自己的基因构成来应对未来的生物识别系统呢?

也许有一天,人们将听不懂"请止步,来者何人?"这句话是什么意思,那么我们能够

---

[1] 一次性密码令牌(One-Time Password Token),如随身碟大小,携带方便,每60秒产生一次无法计算且只能使用一次的动态密码,提供使用者更严密认证机制,让入侵者无法破解。就比如我们常说的"发送至手机的验证码"。
[2] 基因测序是一种新型基因检测技术,能够从血液或唾液中分析测定基因全序列,预测罹患多种疾病的可能性,个体的行为特征及行为合理。基因测序技术能锁定个人病变基因,提前预防和治疗。

理解这样的未来吗?当然了莎翁笔下《哈姆雷特》中的英语已经不是我们今天熟悉的英语,这从某种程度来讲也是一个遗憾,今天的人们大概不会说"亮出你的身份"(unfold yourself)这样的话了,但今天的我们能够意识到在这个戏剧中一个古旧密码机制的结构组成是多么的简单。那么,会不会在未来的某个时间点,一个人在看《哈姆雷特》的时候已经意识不到这一点了呢?会不会我们现在能够将身份与知识、实物财产以及身体联系在一起的最先进的方式对于未来的人来说都天真得好笑呢?换个角度来看,也许在未来的社会,由于人们不再需要一个包容/排除的机制来划分阶级,于是隐私的概念被彻底的颠覆呢?不管未来是一个乌托邦的世界,还是一个反乌托邦的世界,一个没有隐私的世界总是让人忍不住想起乔治·

奥威尔的《1984》[1]（1949）。

让我们顺着这个思路来看，也许最终能够总结出一个密码的奇怪逻辑。如果终极的密码系统在进行验证的时候是不需要媒介的——在这种模式下，身份意味着区别两个完全相同的个体——那么最先进的密码将会是克隆人。在虚构的科幻作品中，类似的技术是存在的，比如说《星际迷航》。其中的传送装置就能将人通过转化成一种"能量模式"从一点瞬时传送到另一点，在将人再次组成原来的样子。换句话说，这种能量模式一定包含着一个人的完美代表，这样才能做到在另一个地点进行重构。在电影《致命魔术》[2006]中，当情节逆转

---

[1] 《1984》（*Nineteen Eighty-Four*）是英国左翼作家乔治·奥威尔于1949年出版的长篇政治小说。在这部作品中奥威尔刻画了一个令人感到窒息的恐怖世界，在假想的未来社会中，独裁者以追逐权力为最终目标，人性被强权彻底扼杀，自由被彻底剥夺，思想受到严酷钳制，人民的生活陷入了极度贫困，下层人民的人生变成了单调乏味的循环。

的时候（也就是当其中一个克隆人必须被杀死的时候），这种复制和远程传送的理念与身份更加紧密地联系在一起，也就是一种同卵双胞胎的情况。在这些虚构的世界里，我们能看到完美的个体形式化，这样的形式化能够导致准确的身份核实，也就让完美的密码系统成为可能。这真的是我们想要的吗？它们会不会带来伦理上的问题呢？关于密码，其实还有许多围绕着主观性、身份和知识这样的和那样的问题等待着被解决。

注释

前言

1 Tung-Hui Hu, A Prehistory of the Cloud (Boston, MA: MIT Press, 2015), xviii.

2 这一部分内容在 Peter Wisse 的，"Semiotics of Identity Management," 以及 The History of Information Security: A Comprehensive Handbook, eds. Karl de Leeuw and Jan Bergstra (Amsterdam: Elsevier, 2007), 167-196。中都有提到。

3 我在第三章讲到单向函数的时候还会详细的谈到这个时间上的问题。

4 M. Atif Qureshi, Arjumand Younus and Arslan Ahmed

Khan, "Philosophical Survey of Passwords," arXiv Preprint *arXiv: 0909.2367* (2009), 11, http://arxiv.org/abs/0909.2367.

5 Aeneas Tacitus, *Aineiou Poliorketika. Aeneas on Siegecra*, trans. L. W. Hunter and S. A. Handford (Oxford: Clarendon Press, 1927), 61。我在后文中还会详细论述双因素授权。双因素授权是一种身份识别的形式,它不仅仅需要回答者知道密码,还要求他/她拥有一个特定的物品。比如说,银行卡就是双因素授权的典型例子。用户在使用银行卡的时候,在必须知道密码的同时也需要出示卡本身。

6 Robert McMillan, 'e World's First Computer Password? It Was Useless Too,' WIRED, 27 January 2012, http://www.wired.com/2012/01/computer-password/.

7 我在这里要特别感谢杰米玛·马修(Jemima Matthew),在与他 2015 年 4 月的一次交谈中,他传授了我许多关于通行空间(pass-action)的知识。

第一章

1 这里关于比例不均的观察来自乔·布鲁克（Joe Brooker）

2 身份验证（authentication）一般情况下指的是核实某人的身份是否与他自己宣称的身份符合。而授权（authorization）一般指的是检查这个人是否具有采取某个行动的资格。

3 Arthur Evans, The Palace of Minos at Knossos: A Comparative Account of the Successive Stages of Early Cretan Civilization as Illustrated by the Discoveries at Knossos, vol. 2 (London: Macmillan and Co., 1921), 60-92.

4 A. Shand, 'The Occupation of the Chatham Islands by the Maoris in 1835: Part II, The Migration of Ngatiawa to Chatham Island,' The Journal of the Polynesian Society 1, no. 3 (1892): 154-163.

5 Jonathan Haas, "Warfare and the Evolution of Culture," in Archaeology at the Millennium: A

Sourcebook, ed. G. M. Feinman and T. D. Price (New York: Kluwer Academic/ Plenum, 2001), 343.

6 Eva Horn, "Logics of Political Secrecy," eory, Culture & Society 28, no. 7 - 8 (1 December 2011): 104, doi: 10.1177/0263276411424583.

7 我在这里大篇幅的引用到前文提到的艾娃·霍恩(Eva Horn)的作品。

8 以下内容仍出自霍恩(Horn), "Logics of Political Secrecy," 104 - 109。

9 Tacitus, Aineiou Poliorketika. Aeneas on Siegecra, 61. Ibid., 47, 63.

10 For more, see Jason Andress, "Chapter 5- Cryptography," in e Basics of Information Security, 2nd edn (Boston: Syngress, 2014), 69 - 88, http://www.sciencedirect.com/science/article/pii/B9780128007440000051.

11 让我们回顾一下前文提到的"第二渠道",它指的是在发送之前与接收者预先沟通共享秘密的需求。

12 Tacitus, Aineiou Poliorketika. Aeneas on Siegecra, 75.

13 Ibid., 63.

14 Ibid., 77. 下划线是由我所加。

15 可以通过与《猎杀红色十月》[1990] 来与此处类比。

16 Tacitus, Aineiou Poliorketika. Aeneas on Siegecra, 61.

17 Janet Abbate, Inventing the Internet (Cambridge, MA: e MIT Press, 2000), 144-145.

18 Ibid., 77.

19 Jennifer Wilcox, "Solving the Enigma: History of the Cryptanalytic Bombe," Center for Cryptologic History, National Security Agency (2006): 3, https://www.nsa.gov/about/_les/cryptologic_heritage/publications/wwii/solving_enigma.pdf. at's 3,000, 000, 000, 000, 000, 000, 000, 000, 000, 000, 000, 000, 000, 000, 000, 000, 000, 000, 000, 000, 000, 000, 000, 000, 000, 000, 000, 000, 000, 000, 000, 000, 000, 000,

000,000,000,000,000 passwords。这一部分很大程度上引用自 Wilcox 的思想。

20 这里我主要指《模仿游戏》(*The Imitation Game*)[2014],作为一部历史剧情片我认为它过分夸大了个人主义,忽略了团队的贡献。当然了,我不否认图灵(Turin)在这项任务中的作用至关重要,以及他超群的智慧和出色的表现。

21 虽然机器每次只用到三个转子,但是对于解密者来说,识别机器用到的是哪三个转子是不可能的,所以这就给破解密码带来了前所未有的困难。

22 理论上讲这可能是一个明文攻击。

23 F. H. Hinsley, Codebreakers: e Inside Story of Bletchley Park (Oxford: Oxford University Press, 2001), 121.

24 Randall Monroe, "Xkcd: Security," Xkcd, 2009, https://xkcd.com/538/.

25 Clark Boyd, "Pro le: Gary McKinnon," BBC News, 30 July 2008, sec. Technology, http://news.bbc.co.uk/

1/hi/technology/4715612.stm.

26 Bruce Schneier, "All or Nothing," CSO, February 2007, 20.

第二章

1 这些故事来自于阿拉伯地区的可能性很大,但是它们的确不属于原版的《一千零一夜》。

2 John Payne, Alaeddin and the Enchanted Lamp (London: Villon Society, 1889), chap. Introduction.

3 See Richard M. Stallman, "Did You Say 'Intellectual Property?' It's a Seductive Mirage," Gnu.org, 20 April 2015, https://www.gnu.org/philosophy/not-ipr.en.html.

4 阿尔奈-汤普森分类法是一套童话分类的方法,基于故事情节结构的相似之处来分类。

5 博士的名字至今没有向该电视剧的观众们揭晓(尽管剧中多次出现各种提示,各大剧迷成立的网站上也有各种猜测)。

6 我这里指的是《哈利波特》第一本书原英版标题。因为在美国地区发行的时候出版的标题被改为《哈利波特与魔法石》(*Harry Potter and the Sorcerer's Stone*)。

7 去邓布利多办公室的密码包括"酸味爆爆糖"(acid pops),"蟑螂堆"(cockroach cluster),"滋滋蜜蜂糖"(fizzing whizbee),"柠檬雪宝"(lemon drop)以及"柠檬雪糕"(sherbert lemon),各种各样的甜食。学生公共休息室的密码口令包括"戒酒"(abstinence),"胡言乱语"(balderdash),"香蕉炸面团"(banana fritters),"一文不值"(baubles),"龙渣"(caput draconis),"茴香麦片"(dilligrout),"仙境之光"(fairy lights),"花花公子哥儿"(flibbertigibbet),"吉星高照"(fortuna major),"米布米宝"(mimbulus mimbletonia),"奇身怪皮"(oddsbodikins),"猪鼻子"(pig snout),"纯种"(pure-blood)(斯莱特林公共休息室口令),"如何"(quid agis),"下流的杂种狗"(scurvy cur),"绦虫"(tapeworm),"太妃手指

饼"(toffee éclairs),"食蜜鸟"(wattlebird)。级长盥洗室的口令是"松木清香"(pine-fresh)。

8 《哈利波特系列》中出现的会说蛇佬腔的人分别是:卑鄙的海尔波(Herpo the Foul),马沃罗·冈特(Marvolo Gaunt),莫芬·冈特(Morfin Gaunt),哈利·波特(Harry Potter),梅洛普·里德尔(Merope Riddle),汤姆·马沃罗·里德尔(Tom Marvolo Riddle),萨拉查·斯莱特林(Salazar Slytherin)。

9 J. K. Rowling, Open Book Tour, 19 October 2007, http://www.the-leaky-cauldron.org/2007/10/20/j-k-rowling-at-carnegie-hall-reveals-dumbledore-is-gay-neville-marries-hannah-abbott-and-scores-more.

10 虽然《哈利波特》的魔法世界中,大多数强大的高等巫师都可以在不念咒语的情况下施展魔术,但是学徒们在最开始还是会从咒语学起。

11 我在后文中还会详细地谈"哑炮"(squib)这个较为复杂的类别。

12 Among the best of these is Walter J. Ong, e Presence of

the Word: Some Prolegomena for Cultural and Religious History (New Haven, CT: Yale University Press, 1967).

13 这个结论出自 Christos Hadjioannou。

14 Scott B. Noegel, " 'Sign, Sign, Everywhere a Sign': Script, Power, and Interpretation in the Ancient Near East," in Divination and Interpretation of Signs in the Ancient World, ed. Amar Annus, Oriental Institute Seminars 6 (Chicago: Oriental Institute of the University of Chicago, 2010), 149.

15 Geraldine Pinch, Magic in Ancient Egypt, rev. edn (Austin: University of Texas Press, 2009), 69.

第三章

1 See Alan Liu, The Laws of Cool: Knowledge Work and the Culture of Information (Chicago: University of Chicago Press, 2004), 76, for more of the ways in which these metaphors are confused.

2 这些比喻其实在很多地方都能见到。就比如，see Mark A. Lemley, "Place and Cyberspace," California Law Review 91, no. 2 (1 March 2003): 521–42, doi: 10.2307/3481337。

3 Liu, The Laws of Cool, 42.

4 如果有读者有兴趣了解更多关于数学以及电脑科学科技的话，不妨参考布鲁斯·施奈尔（Bruce Schneier）, Applied Cryptography: Protocols, Algorithms and Source Code in C (New York: John Wiley & Sons, 1995); or Alfred J. Menezes, Paul C. van Oorschot and Scott A. Vanstone, Handbook of Applied Cryptography (Boca Raton: CRC Press, 1996)，本文也参考了该书中提到的很多理念。

5 一个普通的个人电脑每秒钟可以处理 8,783,000 个密钥，此数据来自 http://calc.opensecurityresearch.com/。

6 出于篇幅的考虑，我就不细谈这种缺陷的解决措施了，这种技术被称为加盐（salting），也就是在第一轮哈希函数中加入其他成分的基础上，多次运行这种算法，以此增加系统的复杂程度，使攻击无效化。

7 Marc Stevens, "Single-Block Collision Attack on MD5," IACR Cryptology ePrint Archive (2012): 40, http://citeseerx.ist.psu.edu/viewdoc/download? doi = 10.1.1.400.7023&rep=rep1&type=pdf?.

8 Bart Preneel, "The First 30 Years of Cryptograp-hicHash Functions and the NIST SHA-3 Competition," in Topics in Cryptology-CT-RSA 2010, ed. Josef Pieprzyk, Lecture Notes in Computer Science 5985 (Berlin, Heidelberg: Springer, 2010): 30, http://link.springer.com/chapter/10.1007/978-3-642-11925-5_1.

9 在严格的时间限制里，他不但面临着被枪毙的威胁，还有一位被雇佣的妓女为了分散他的注意力对他进行口交。

10 密码学和网络安全的文献中描述加密程序的时候经常会使用"爱丽丝"（Alice），"鲍勃"（Bob）和

"伊芙"(Eve)这三个名字,已经成为惯例。

11 Robert David Steele 在他的作品 The Open-Source Everything Manifesto: Transparency, Truth, and Trust (Berkeley, CA: Evolver, 2012)。针对此观点举过一个十分悲观的例子。

12 "Fake DigiNotar Web Certi cate Risk to Iranians," BBC News, 5 September 2011, http://www.bbc.co.uk/news/technology-14789763; Bruce Schneier, "VeriSign Hacked, Successfully and Repeatedly, in 2010," Schneier on Security, 3 February 2012, https://www.schneier.com/blog/archives/2012/02/verisign_hacked.html.

13 《哈利波特》中的摄神取念(legilimency)和大脑封锁术(occlumency)也涉及这个方面。

14 Russell Brandom, "The Plot to Kill the Password," The Verge, 15 April 2014, http://www.theverge.com/2014/4/15/5613704/the-plot-to-kill-the-password.

15 Anil K. Jain, Ruud Bolle and Sharath Pankanti, "Introduction to Biometrics," in Biometrics: Personal Identi cation in Networked Society, ed. Anil K. Jain, Ruud Bolle and Sharath Pankanti, The Kluwer International Series in Engineering and Computer Science, SECS 479 (Boston: Kluwer, 1999), 1-42.

16 "Borrowed Biometric Bypass," TV Tropes, accessed 9 May 2015, http://tvtropes.org/pmwiki/pmwiki.php/Main/BorrowedBiometricBypass.

17 Yari Lanci, "Remember Tomorrow: Biopolitics of Time in the Early Works of Philip K. Dick," in e World According to Philip K. Dick: Future Matters, ed. Alexander Dunst and Stefan Schlensag (New York: Palgrave Macmillan, 2015), 111.

第四章

1 United Kingdom, Theft Act 1968, accessed 23 May 2015, http://www.legislation.gov.uk/ukpga/1968/

60/crossheading/definition-of-theft.

2 Jaron Lanier, You Are Not a Gadget: A Manifesto (London: Penguin Books, 2011), 102.

3 The Google Books corpus should be taken with a pinch of salt. The black box of its OCR mechanism and proprietary nature do not make it the best source for this type of mining. However, assuming that errors are standardized across the corpus, this nonetheless demonstrates an intriguing parallel rise in these terms.

参考谷歌图书的语料库时态度要谨慎。黑箱的 OCR 机制与专有性质使它并不适合这样的研究。不过假设这些语料库中的失误都被标准化过了,这也显示出了这些词汇的使用频率的增长。

4 United Kingdom, Fraud Act 2006, accessed 31 May 2015, http://www.legislation.gov.uk/ukpga/2006/35/contents.

5 若读者对数码习惯有兴趣,请见 Hu, A Prehistory of the Cloud。

6 在英文中令人困惑的是"告解者"(confessor)指的是接受忏悔的牧师,而真正告白忏悔的人被称为"忏悔者"(penitent)。

7 福柯(Foucault)还把这样说出真相的行为与帕金森病的治疗联系在一起。plain speaking,又见 Elizabeth Markovits, The Politics of Sincerity: Plato, Frank Speech, and Democratic Judgment (University Park, PA: Penn State University Press, 2008)。

8 Umberto Eco, The Role of the Reader: Explorations in the Semiotics of Texts (Bloomington, IN: Indiana University Press, 1997), 85.

9 Theodor W. Adorno, Negative Dialectics, trans. E. B. Ashton (London: Routledge, 1973), 5.

10 Lanier, You Are Not a Gadget, 50.

11 Ludwig Wittgenstein, Preliminary Studies for the 'Philosophical Investigations' (Blue and Brown Books) (Oxford: Blackwell, 1972), 69.

索引[*]

Aaren-Thompson classification systems, 阿尔奈-汤普森分类法, 47

Abbate, Janet, 珍妮特·阿贝特, 25

Adorno, Theodor W., 狄奥多·W·阿多诺, 95, 96

Aeneas Tacitus, 艾尼阿斯·塔西佗, 8, 18, 19, 20, 21, 22-23, 24

Ali Baba and the Forty Thieves, 《阿里巴巴与四十大盗》41-43, 44, 57, 62, 99-100

Alien: Resurrection (Jeunet), 《异形4》(让-皮埃尔·热内), 101

Allied forces, 同盟国, 29, 30

Angels & Demons (Brown), 《天使与魔鬼》小说 (丹·布朗), 77

Angels & Demons (Howard), 《天使与魔鬼》电影 (朗·霍华德), 101

Arabian Nights, 《一千零

---

[*] 本索引所示页码为原书页码,即本书边码。——译者注

一夜》, 41-46, 57
Ali Baba and the Forty Thieves,《阿里巴巴与四十大盗》, 41-43, 44, 57, 62, 99-100
arcana imperii, 国家机密, 18, 19, 20, 36, 40, 43, 50
ARPAnet, 阿帕网, 25 see also Internet, 又见互联网
Asymmetry, 不对称性, 61-62, 66-74, 76 see also symmetry, 又见对称性
Athenodorus, 阿申诺多洛斯, 24
Authentication, 认证；身份验证, 6-8, 9, 25, 36, 39, 40, 43, 47-48, 52-54, 56-57, 67, 68, 71, 74-82, 83, 88, 89, 92, 97, 102, 105
Avengers, The (Whedon),《复仇者联盟》（乔斯·惠登）, 101

Banking, 银行业务, 86, 88-92
Bible, 圣经, 55, 93
biometric bypass, 生物识别技术破解, 77, 77-82, 81
biometrics, 生物识别技术, 6, 74-82, 77, 81, 97, 102, 104
Bletchley Park, UK, 布莱切利园, 29
Bomba, "密码炸弹"（一种早期密码机器）28-29, 29
Book of the Dead, 死者之书, 56
Borges, Jorge Luis, 豪尔赫·路易斯·博尔赫斯, 3
Brambilla, Marco, 马可·布莱毕拉
Demolition Man, 越空狂龙, 77, 77, 101
Braun, Werner von, 沃纳·冯·布劳恩, 26
breaking see hacking 破解, 又见非法侵入（他人计算机系统）

Brothers Grimm, 格林兄弟, 46–47
  Rumpelstiltskin, 《名字古怪的小矮人儿》, 46–47, 57
Brown, Dan, 丹·布朗, 77
  Angels & Demons, 天使与魔鬼, 77
Business Insider, 商业内幕, 98

Caesar cipher, 恺撒密码, 21
certificate authorities challenge-and-response see also authentication, 提问-回答, 又见验证, 5, 6–11, 14, 21, 61, 64, 95
Charidemus, 卡里德姆, 24
Chatham Islands, 查塔姆群岛, 16
Christianity, 基督教, 55, 93
Cinema, 电影, 26, 67, 68, 77, 77, 78–80, 81, 101, 105
Ciphers, 密码, 21–22, 27
Classification, 分类, 95–97
see also Aaren-Thompson classification systems, 阿尔奈-汤普森分类法
codes, 编码, 14, 24, 28, 29, 32, 67, 103
control, 控制, 3–4, 5, 18, 21, 22–23, 50–51
copyright, 版权, 46, 72–73, 85
Corbató, Fernando, 费南多·柯巴托, 11, 12
Corruption, 腐败, 17
cracking see decryption, 破解, 又见破译密码
Crete, 克里特岛, 2, 3
Cruise, Tom, 汤姆·克鲁斯, 78
Cryptography, 密码学, 11, 21–22, 23, 26–27, 28, 30, 31, 36, 61–74

Daedalus, 代达洛斯, 2, 3

Danielewski, Mark Z., 马克·Z.·丹尼勒夫斯基, 64

House of Leaves,《叶屋》, 64

death, 死亡, 14, 36 see also militaries

decryption, 破译密码, 36, 55-56, 64, 65-66, 68, 68-69 see also hacking 又见非法侵入（他人计算机系统）

Demolition Man (Brambilla), 越空狂龙（马可·布莱毕拉）, 77, 77, 101

Diab, Youhenna, 犹合那·狄亚卜, 42

Dick, Philip K., 菲利普·狄克, 78

Die Another Day (Tamahori), 择日而亡, （李·塔玛霍瑞）101

digital hygiene, 数码习惯, 4, 91-92

digital technology, 数字科技, 59-88, 92, 96, 102, 103

Discipline and Punish: The Birth of Prison (Foucault), 规训与惩罚：监狱的诞生（米歇尔·福柯）, 92

DNA see genetic engineering 基因, 见基因工程

Doctor Who, 神秘博士, 47

Eco, Umberto, 翁贝托·艾柯, 93

Economics, 经济学, 17, 25, 83, 86

Egypt, 埃及, 56, 99

Encryption, 编码, 22, 27, 29-30, 63, 67, 68, 68-69, 70, 71, 73

Enigma machines, 恩尼格玛密码机, 26-29, 30, 31, 36

Espionage, 谍报活动, 17, 33

Europe, 欧洲, 17, 42

exclusion see secrecy, 排

除,见保密

Foucault, Michel, 米歇尔·福柯, 92-93
Discipline and Punish: The Birth of Prison, 《规训与惩罚:监狱的诞生》, 92
The History of Sexuality, 《性史》, 93

Galland, Antoine, 安托万·加朗, 41-42
genetic engineering, 基因工程, 104
Google Books, 谷歌图书, 87
Greece (ancient), 古希腊, 21, 25

Haas, Jonathan, 乔纳森·哈斯, 17
hacking, 非法侵入(他人计算机系统), 4, 30, 31-37, 43, 67, 70-71, 76-77, 81, 86, 89-90, 98, 99, 102
Hamlet (Shakespeare), 《哈姆雷特》(莎士比亚), 10-11, 39-41, 104
Harry Potter series (Rowling), 《哈利波特系列》(J·K·罗琳), 11, 48-54, 57, 62, 100-101
History of Sexuality, The (Foucault) 《性史》(米歇尔·福柯), 93
House of Leaves (Danielewski), 《叶屋》(马克·Z·丹尼勒夫斯基), 64
Howard, Ron 朗·霍华德
Angels & Demons, 《天使与魔鬼》, 101

Identification, 身份认证, 3, 5-7, 8, 9, 15, 19, 39-40, 53, 67, 75-82, 83, 99, 100, 103-104
Identity, 身份, 6-7, 8, 9, 10, 14, 15, 16, 47-48, 53, 54-57, 60, 68-70, 71, 74-84, 88, 92-105

identity theft, 身份盗窃, 9, 10, 83-84, 86-92, 87, 98, 102-103

Imitation Game, The (Tyldum), 《模仿游戏》(莫腾·泰杜姆), 26

intellectual property, 知识产权, 45-46, 84-85 see also copyright, 又见版权

Internet, 互联网, 7, 25, 59, 60

Islam, 伊斯兰教, 42

Jackman, Hugh, 休·杰克曼, 67, 70

Jeunet, Jean-Pierre, 让-皮埃尔·热内

Alien: Resurrection, 《异形4》, 101

Kleinrock, Leonard, 莱昂纳多·克莱洛克, 25

Knowledge, 知识, 84, 86-87, 92-98, 100-101, 103

Labyrinths, 迷宫, 1, 2-5, 7, 11, 12-14, 61, 64

Lanci, Yari, 亚力·兰西, 79

Language, 语言, 51-52, 56, 63-66, 83, 97

Lanier, Jaron, 杰伦·拉尼尔, 86, 95-96

literature, 文学, 2-3, 6, 10-11, 39-57, 62, 64, 77, 84, 99-101, 104, 105

Liu, Alan, 阿伦·刘, 60-61

Lord of the Rings, The (Tolkien), 《指环王》(J·R·R·托尔金), 48-49

McKinnon, Gary, 加里·麦金农, 4-5, 31-36

Magic, 魔法, 11, 14, 41, 43-57, 44, 62, 99, 100-101

Maori, 毛利人, 16

mazes see labyrinths, 迷宫

见迷路园

Mesopotamia, 美索不达米亚, 56

Microsoft, 微软, 5

Militaries, 军队, 4, 10, 14, 15-17, 18, 19, 20, 23-41, 101-102

Minoa, 米诺雅, 16

Minority Report (Spielberg), 《少数派报告》(斯蒂芬·斯皮尔伯格), 78-80, 81, 101

Minotaur, 弥诺陶洛斯, 2-3

Molitor, Ulrich, 乌利齐·莫利托, 44

Von den Unholden und Hexan, 关于魔鬼和巫女, 44

money see banking, 金钱见银行业务

Mosse, Kate, 凯特·莫斯, 3

Motion Picture Association of America, 美国电影协会, 85

NASA, 美国国家航空航天局, 26

Nazis, 纳粹(主义者), 26-29, 28

night watches, 守夜人, 20

Nineteen Eighty-Four (Orwell), 《1984》(乔治·奥威尔), 105

Nolan, Christopher, 克里斯托弗·诺兰

The Prestige, 《致命魔术》, 105

non-rivalrous objects, 非竞争性物品, 45, 46, 47, 48, 84

One Thousand and One Nights see Arabian Nights, 《一千零一夜》见《天方夜谭》

Operation Paperclip, 回形针行动, 26

Orwell, George, 乔治·奥威尔, 105

Nineteen Eighty-Four, 《1984》, 105

pacifism, 和平主义, 16-

17
pass-actions, 通行行为, 12, 50
pass-spaces, 通行空间, 12
photography, 摄影, 6
Pinch, Geraldine, 杰拉尔丁·哈里斯, 56
Piracy: It's A Crime, 《盗版是犯罪》, 85
politics, 政治, 17-18
power, 权力, 18, 47, 48, 55, 56, 92-98, 102
Prestige, The (Nolan), 《致命魔术》, 105
privacy, 隐私, 60, 71-72, 102, 104-105
property, 财产, 60, 71-74, 78, 80, 84-86, 91, 92, 98, 104
intellectual psychiatry 知识的, 45-46, 84-85
psychiatry, 精神病学, 93

Rejewski, Marian, 马里安·雷耶夫斯基, 28
rivalrous objects, 竞争性物品, 46

Robbe-Grillet, Alain, 阿兰·罗伯-格里耶, 3
Rome (ancient), 古罗马, 10, 19, 20-21, 23-25, 26
Rowling, J. K., J. K. 罗琳, 48-54, 100-101
Harry Potter series 11, 《哈利波特系列》, 48-54, 57, 62, 100-101
Rozycki, Jerzy, 耶日·鲁日茨基, 28
Rumpelstiltskin (Brothers Grimm), 《名字古怪的小矮人儿》, 46-47, 57

Schneier, Bruce, 布鲁斯·施奈尔, 33-34
Science, 科学, 93-94
Scytale device, 密码棒, 21
second channel, 第二种渠道 22-23, 57
secrecy, 保密, 8, 11, 12-13, 15, 16, 17-19, 22-23, 47, 48, 53, 61-62, 66, 67,

68, 69, 72

secretum, 保密, 18, 19, 36, 40, 42

security, 安保, 4, 5, 7, 11, 12, 19–20, 23, 24–25, 27, 32–35, 60–61, 64–66, 70, 71–72, 73, 87, 103

Sena, Dominic, 多米尼克·塞纳

Swordfish, 《剑鱼行动》, 67, 68

Shakespeare, William, 威廉·莎士比亚

Hamlet, 《哈姆雷特》, 10–11, 39–41, 104

Snipes, Wesley, 韦斯利·斯奈普斯, 77, 77

social media, 社交媒体, 95–96

space and time, 空间和时间, 59, 74

spaces, 空间, 13–14, 59, 60, 72, 83

Sparta, 斯巴达, 17

Spielberg, Steven, 斯蒂芬·斯皮尔伯格

Minority Report, 《少数派报告》, 78–80, 81, 101

Star Trek, 《星际迷航》, 105

Steganography, 隐写术, 23–24

Supernatural, 超自然, see *magic Swordfish* (Sena) 又见《剑鱼行动》（多米尼克·塞纳）67, 68

Symmetry, 对称, 3, 22, 29, 61, 67, 68, 76

Tacitus, 塔西佗, see Aeneas Tacitus, 又见艾尼阿斯·塔西佗

Tamahori, Lee, 李·塔玛霍瑞

Die Another Day, 《择日而亡》, 101

Taxonomy, （生物）分类学, see classification, 又见分类

television, 电视, 47, 105

theft, 盗窃, see identity theft, 身份盗窃

Theseus, 忒修斯, 2, 4, 13, 61

Tolkien, J. R. R., J·R·R·托尔金, 48-49

The Lord of the Rings, 《指环王》, 48-49

translation, 翻译, see encryption, 又见加密

transparency, 透明度, 69-70, 92

Travolta, John, 约翰·特拉沃尔塔, 70

trust, 信任, 69-71, 88

Tung-Hui Hu, 胡东辉, 4

Turing, Alan, 艾伦·图灵, 29

TV Tropes, 77

Tyldum, Morten, 莫腾·泰杜姆

The Imitation Game, 《模仿游戏》, 26

U-Boats, U型潜艇, 29

United States, 美利坚合众国, 17, 26, 29

US National Security Agency, 美国国家安全局, 27

V-2 project, 纳粹V-2火箭计划, 26

verification see authentication violence, 核实, 又见暴力验证, 17, 31, 34

Von den Unholden und Hexan (Molitor), 关于魔鬼和巫女（莫利托）, 44

vulnerability, 脆弱, 33-35

watchwords, 暗号, 10-11

Whedon, Joss, 乔斯·惠登

The Avengers, 《复仇者联盟》, 101

WikiLeaks, 维基解密, 17

Wittgenstein, Ludwig, 路德维希·维特根斯坦, 97

World War II, 第二次世界大战, 26-27

World Wide Web, 互联

网, 102
see also Internet 又见互联网

xkcd, 一部连环漫画 30

Yahoo, 雅虎, 104

Zyglaski, Henryk, 亨里克·佐加尔斯基, 28

图书在版编目（CIP）数据

密码：来者何人？/(英) 马丁·保罗·伊夫著；邵静怡译. -- 上海：上海文艺出版社，2021

(知物系列)

ISBN 978-7-5321-7871-1

Ⅰ.①密… Ⅱ.①马…②邵… Ⅲ.①世界史－文化史 Ⅳ.①K103

中国版本图书馆CIP数据核字(2020)第266103号

This translation is published by arrangement with Bloomsbury Publishing Inc.

著作权合同登记图字：09-2016-822号

发 行 人：毕　胜
策 划 人：林雅琳
责任编辑：林雅琳
装帧设计：周志武

书　　名	密码：来者何人？
作　　者	(英) 马丁·保罗·伊夫
译　　者	邵静怡
出　　版	上海世纪出版集团　上海文艺出版社
地　　址	上海市绍兴路7号　200020
发　　行	上海文艺出版社发行中心发行 上海市绍兴路50号　200020　www.ewen.co
印　　刷	启东市人民印刷有限公司
开　　本	787×1000　1/32
印　　张	7
插　　页	3
字　　数	76,000
印　　次	2021年5月第1版　2021年5月第1次印刷
I S B N	978-7-5321-7871-1/G·0311
定　　价	42.00元

告 读 者：如发现本书有质量问题请与印刷厂质量科联系　T:0513-83349365

小文艺·口袋文库·知物系列

密码 _ 来者何人?
头发 _ 赋能的符号

玻璃 _ 过去现在未来故事三面性
时差 _ 昼夜节律与蓝调
宽恕 _ 德性于善恶之间
袜子 _ 隐秘的安慰

问卷 _ 潘多拉的清单
静默 _ 是解脱,还是恐惧?
弃物 _ 游走在时间的边缘
面包 _ 膨胀的激情与冲突

即将推出（书名暂定）
树
地球

小文艺·口袋文库·33 ⅓ 系列

涅槃 _ 母体中
人行道 _ 无为所为
黑色安息日 _ 现实之主
小妖精 _ 杜立特
鲍勃·迪伦 _ 重返 61 号公路
地下丝绒与妮可
迈尔斯·戴维斯 _ 即兴精酿
大卫·鲍伊 _ 低
汤姆·韦茨 _ 剑鱼长号
齐柏林飞艇 IV

小文艺·口袋文库·知人系列

汉娜·阿伦特 _ 活在黑暗时代
塞林格 _ 艺术家逃跑了
爱伦·坡 _ 有一种发烧叫活着
梵高 _ 一种力量在沸腾

卢西安·弗洛伊德 _ 眼睛张大点
阿尔弗雷德·希区柯克 _ 他知道得太多了
大卫·林奇 _ 他来自异世界

小文艺·口袋文库·小说系列

报告政府　著——韩少功
我胆小如鼠　著——余华
无性伴侣　著——唐颖
特蕾莎的流氓犯　著——陈谦
荔荔　著——纳兰妙殊

群众来信　著——苏童
目光愈拉愈长　著——东西
致无尽关系　著——孙惠芬
不准眨眼　著——石一枫
单身汉董进步　著——袁远

二马路上的天使　著——李洱
不过是垃圾　著——格非
正当防卫　著——裘山山
夏朗的望远镜　著——张楚
北地爱情　著——邵丽

请女人猜谜　著——孙甘露
伪证制造者　著——徐则臣
金链汉子之歌　著——曹寇
腐败分子潘长水　著——李唯
城市八卦　著——奚榜